CENT CHEFS-D'ŒUVRE

ALBERT WOLFF

CENT CHEFS-D'ŒUVRE

DES

COLLECTIONS PARISIENNES

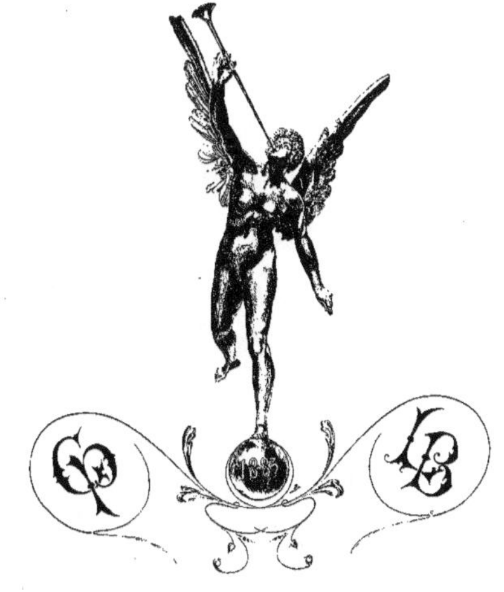

Editeurs

GEORGES PETIT   LUDOVIC BASCHET

12, *Rue Godot-de-Mauroy*, 12   125, *Boulevard Saint-Germain*, 125

PARIS

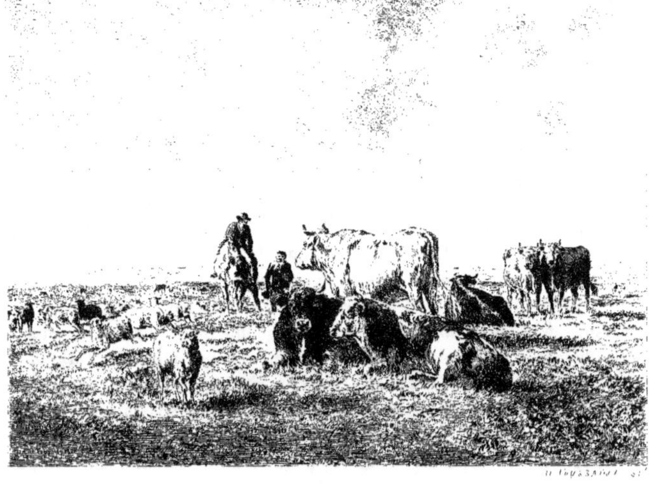

AVANT-PROPOS

'Exposition des Cent Chefs-d'Œuvre, ouverte le 12 juin 1883 dans la Galerie Georges Petit, devint, dès le premier jour, un grand événement artistique; organisée par un comité dans le but de venir en aide aux Écoles libres, cette réunion de toiles de maîtres anciens et modernes fut un succès sans précédent. L'art des siècles passés se trouvait représenté par des œuvres hors ligne d'Antonello de Messine, Rembrandt, Van Dyck, Ruysdaël, Rubens, Hobbema, Teniers, Terburg, Van de Velde, Pieter de Hoog, Ostade, Franz Hals, Lancret, Greuze et Boucher, voisinage dangereux s'il en fût pour l'art moderne des cinquante dernières années.

Si grand que fût l'attrait sur le public de tous ces maîtres, l'Exposition des Cent Chefs-d'Œuvre devait surtout sa vogue si considérable au triomphe définitif de la glorieuse phalange dite de 1830; au milieu de tant de voisins redoutables, elle était représentée par des œuvres de choix, éparpillées jusqu'alors dans les collections, et dont la plupart n'étaient connues des dernières générations que par des lithographies et des eaux-fortes. Géricault ouvrait la marche avec quelques toiles de petites dimensions, mais où éclatait tout le génie de cet admirable peintre; les Delacroix, Rousseau, Corot, Millet, Diaz, Fromentin, Daubigny, Decamps et Troyon furent un éblouissement des yeux et un régal de l'âme; aucune école contemporaine n'aurait pu mettre en ligne un groupe si nombreux d'artistes de premier plan ayant embelli un même demi-siècle. Les vivants se trouvaient représentés à ce Salon par deux grands maîtres, MM. Jules Dupré et Meissonier, et enfin on s'arrêtait avec émotion devant les toiles de deux artistes doués, que la mort a fauchés en pleine jeunesse : Henri Regnault et Fortuny.

Le sentiment général fut que le souvenir de ce Salon incomparable devait être consacré par un ouvrage d'art. M. Georges Petit en prit l'initiative, de concert avec M. Ludovic Baschet; les meilleurs graveurs de notre temps furent appelés à reproduire les Cent Chefs-d'Œuvre, et on voulut bien me faire l'honneur de me demander la partie littéraire de cette superbe publication artistique. La tâche me plaisait d'autant plus qu'il s'agissait de prêter mon faible concours à une entreprise consacrée à la gloire de ceux des grands artistes français si longtemps méconnus, pour qui j'avais toujours combattu avec ma profonde passion pour les belles œuvres et mon enthousiasme attendri pour ces illustres opprimés. Non que je fusse là pour apporter, dès la première heure, mon admiration à ces grands martyrs, à présent les grands glorieux; mais, depuis vingt-cinq ans, et alors que le public français n'appréciait pas encore à leur valeur ses plus justes gloires, je n'avais cessé d'applaudir à ces œuvres magnifiques des artistes à qui je devais tant d'émotions et dont quelques-uns, comme Corot, Jules Dupré et Diaz, voulurent bien me considérer comme un ami de leur vieillesse rayonnante.

Sur les maîtres anciens, que me restait-il à dire après la littérature volumineuse consacrée à leur gloire à travers les siècles? Rien qui pût apporter un document nouveau de quelque intérêt. De concert avec les éditeurs, je me suis donc arrêté à l'idée d'accompagner les gravures exquises d'après les Cent Chefs-d'Œuvre, par le résumé succinct de la vie des grands peintres français du dernier demi-siècle, et de les présenter au

lecteur dans l'intimité de leur labeur et de leurs luttes. Cette tâche devait
tenter l'écrivain qui a recueilli, de la bouche même de ces héroïques artistes, le récit de leurs débuts pénibles, de leur carrière laborieuse et de la
misère persistante qui fut, pour Millet par exemple, la compagne de
toute sa vie. Je n'avais qu'à laisser aller ma plume au gré des souvenirs
pour donner à ces rapides études l'attrait de confessions faites par les
artistes eux-mêmes; le lecteur, je l'espère, ne se trompera pas sur la sincérité de ces biographies. Puissent-elles lui causer autant de plaisir que
j'ai éprouvé d'émotion en les écrivant.

Albert WOLFF.

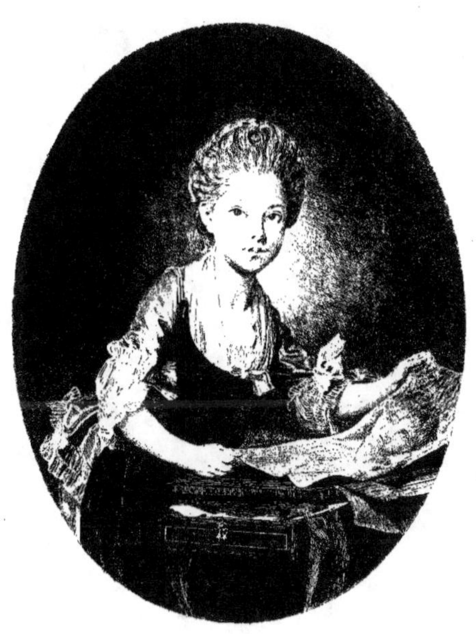

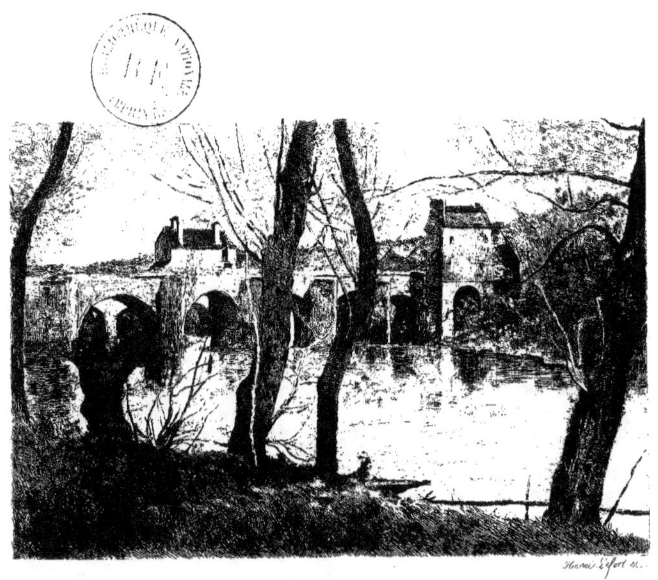

I

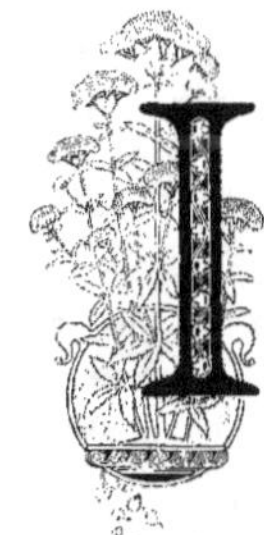I L y a huit ou neuf ans encore, par les belles journées d'été, on pouvait assister, à Ville-d'Avray, au plus touchant spectacle qu'un artiste ait jamais donné à son temps. Un vieillard, parvenu à l'apothéose d'une longue vie, vêtu d'une blouse, abrité sous un parasol en coutil, dont les reflets encadraient la chevelure blanche d'une sorte d'auréole ensoleillée, était là, devant le paysage, attentif comme un écolier, cherchant à surprendre quelque coin ignoré de la nature qui pouvait avoir échappé à ses soixante-dix ans, souriant au gazouillement des oiseaux et leur envoyant de temps en temps le refrain d'une gaie chanson, ainsi que fait un cœur de vingt ans, heureux de vivre et qui s'épanouit sous la poésie des champs.

Tout vieux qu'était ce grand artiste, il pensait pouvoir apprendre encore ; depuis plus d'un demi-siècle, il contemplait la création et chaque jour elle lui apportait une révélation nouvelle ; selon ce vieillard, la maîtrise absolue n'existait pas dans son art, et il jugeait que la vie humaine, si longue qu'elle fût, ne suffisait pas pour étudier le paysage sous toutes ses faces et sous ses incalculables variétés.

Ce vieillard, ainsi soumis à la nature, était Jean-Baptiste Corot, un des plus grands peintres français. Sa gloire, maintenant assise pour l'éternité, s'était lentement échafaudée sur un labeur de cinquante ans, dont la première moitié n'a été qu'une longue lutte entre la vieille routine triomphante, reniant ce maître, et la ténacité de l'artiste à marcher droit devant lui à travers le dédain des uns et l'ignorance des autres. Les combats prolongés de ce génie contre la médiocrité repue n'avaient laissé aucune amertume dans cette belle âme ; parvenu au point culminant de sa carrière, Corot parlait sans ironie de ceux qui l'avaient si longtemps contesté ; dans les entretiens que j'eus avec ce grandissime artiste, ne perçait jamais la moindre trace d'un ressentiment quelconque ni contre le jury qui repoussa ses premières œuvres, ni contre les aveugles qui passèrent indifférents devant ses toiles révélatrices : il me racontait ces épisodes de sa carrière, non comme un homme qui voulait se vanter d'avoir renversé tous les obstacles et vaincu tous les récalcitrants, mais comme une intelligence satisfaite de son œuvre, simplement, naïvement, sans acrimonie, comme sans forfanterie.

Quand il nous parlait ainsi, accompagnant le récit des injustices subies par le doux sourire qui donnait à cette belle tête de vieillard comme un rayonnement de bonté, on le vénérait pour son art et on l'aimait pour les qualités exquises de son cœur d'or ; son génie était souriant comme son âme ; les années avaient passé sur l'un et sur l'autre sans faire perdre un enthousiasme à l'artiste, sans enlever à l'homme une fraction de sa bonté juvénile. Ce vieillard ne ressemblait pas aux autres hommes de son âge, dont les meilleurs ne peuvent se défendre d'une certaine tristesse en mesurant la longue route déjà parcourue avec le peu de chemin qu'il leur reste encore à faire. Quand il s'installait devant la nature, il retrouvait, avec les ardeurs de l'artiste, les espérances de la vingtième année. Jeune, il avait parcouru le paysage en chantant ; la vieillesse le trouvait aussi insouciant qu'un demi-siècle auparavant. En le voyant ainsi sur le tard, penché sur l'œuvre comme un écolier, effaçant en un accès de colère l'étude qui restait au-dessous de la nature que l'artiste contemplait, ou bien reculant dans un moment de satisfaction, pour mieux se rendre compte de ses efforts; quand de loin on entendait cet artiste se parler tout haut, soit pour se décerner un éloge par ces mots : « Ça, c'est fameux! » soit pour se critiquer vertement par cette phrase : « Ça, c'est à recommencer, mon garçon! » on demeurait émerveillé de cette belle vieillesse. On contemplait Corot avec tendresse comme on s'inclinait avec émotion devant son œuvre.

Il faut dire aussi, pour expliquer cette fraîcheur des sensations chez un homme de cet âge, que Corot avait parcouru la vie comme un favori du destin, qui avait donné à ce génie la santé robuste en même temps qu'il devait lui épargner les tristesses de la lutte pour le pain quoti-

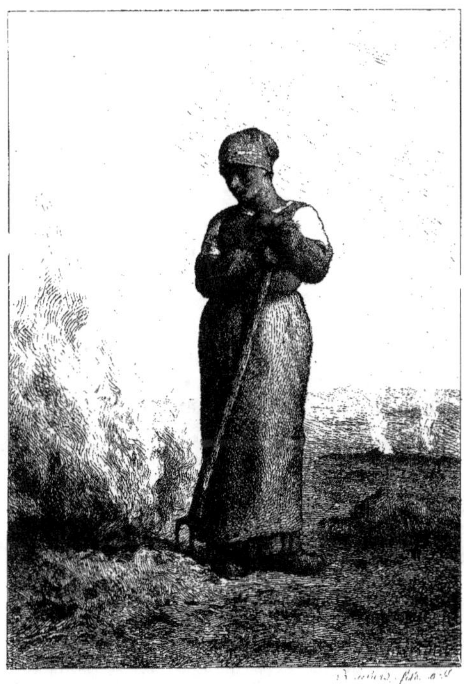

dien. Fils de commerçant, le labeur paternel le mit à l'abri du besoin dès son berceau; sa jeunesse ne devait être troublée que par la longue opposition que lui fit son père avant de lui permettre l'entrée dans la carrière d'artiste. Mais une fois cette résistance vaincue, le jeune Corot, soutenu par la pension paternelle, pouvait traverser l'existence en souriant et parvenir au terme de sa glorieuse vie sans avoir été arrêté en route, seulement pendant une heure, par le besoin de son entretien matériel.

Ce ne fut pas sans de longues hésitations que le commerçant Corot se décida à laisser son fils suivre sa véritable vocation. Quand le jeune Jean-Baptiste eut terminé ses études sommaires, la volonté paternelle le condamna à faire son apprentissage chez un marchand de draps; il fut un élève récalcitrant, qui crayonnait des paysages sur les factures, ce dont le patron le grondait vertement, si bien qu'au bout de deux ans, le patron dit au père de Corot :

« Ce garçon-là ne sera jamais bon à rien au magasin. Je vais essayer de lui faire faire la place de Paris. »

Et voilà le futur grand homme trottant par les rues de Paris, avec une carte d'échantillons sous le bras, allant chez les petits boutiquiers et les petits tailleurs pour leur offrir la marchandise du patron. Corot m'a lui-même raconté l'incident qui lui fit définitivement abandonner le commerce. Après avoir couru toute une semaine à travers la ville, il retourna un soir au magasin, tout rayonnant de son début de négociant; il venait de vendre à un tailleur toute une pièce de drap olive, la nuance à la mode, et il vint l'annoncer à son patron. Celui-ci, loin d'être satisfait, prit son air le plus sévère et dit à Corot :

« Je n'ai pas besoin de vous pour vendre le drap olive qu'on s'arrache dans mes magasins. Un bon placier doit s'efforcer de caser la marchandise démodée ou frelatée dont personne ne veut. Avez-vous compris? »

Le jeune Corot avait si bien compris, que ce premier début le dégoûta à jamais des tripotages du bas commerce parisien. Cette fois, c'était irrévocable : il n'était pas fait pour vanter à des clients ce que sa conscience condamnait; il perdait, disait-il, ses meilleures années dans le commerce qui l'intéressait peu; il voulait être peintre, et rien que cela. Après de longs orages, le père de Corot consentit conditionnellement; on soumettrait les tentatives du jeune homme à Victor Bertin, le maître acclamé sous la Restauration et parfaitement oublié depuis longtemps. Ce que le peintre Bertin fit de mieux dans sa carrière, ce fut de trouver du talent au jeune Corot et de vaincre ainsi les résistances paternelles. Victor Bertin promit de faire quelque chose de ce garçon.

Ce que Bertin appelait « faire quelque chose de ce garçon, » c'était de le façonner à son image, de faire de lui un médiocre peintre de paysages dits historiques, parce qu'une scène de l'histoire se déroulait dans une nature toute de convention. Les intimités séduisantes et poétiques du paysage échappaient aux prétentieux de cette époque, qui

trouvaient la création au-dessous de leur génie; ils affichèrent l'outre-
cuidante tentative de la corriger, comme on disait. On n'était censé faire
du grand art qu'en s'éloignant de la vérité, en échafaudant dans sa tête
une végétation maladive et en dehors de la nature. On appelait cet art
de convention : le grand art, en opposition avec la recherche de la réalité,
qui était le petit art. Ainsi, le célèbre Victor Bertin a fait du grand art
toute sa vie, sans laisser d'autres traces de son grand labeur que quel-

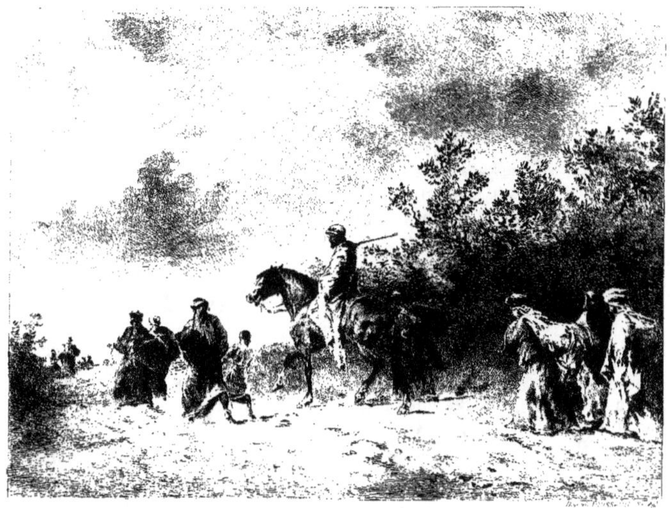

ques médiocres toiles, achetées dans le temps par le Gouvernement et
placées dans les résidences royales, où l'on peut encore, comme à Compiègne, par exemple, voir des échantillons de la décadence que la peinture française a subie pendant un moment.

De cette école néfaste devait se dégager l'un des plus grands paysagistes qui aient existé, en se retrempant dans ses moments libres
devant la nature, source de tout art, en bousculant, une à une, toutes
les mauvaises leçons par sa façon personnelle de contempler la création.
Cet élève de Bertin était tout simplement un des prédestinés, sous les

2

coups desquels toute la vieille boutique routinière devait être rendue
au néant. Le combat fut long et acharné. Quand le jeune Corot revint
de son premier voyage d'Italie, d'où il rapporta d'admirables études,
qui sont comme les premiers bégaiements de son génie, il trouva la
France artistique en révolution. Une pléiade de jeunes hommes avait
surgi qui, dans leur impétuosité à ramener le paysage vers la nature si
longtemps dédaignée, relevèrent l'art français et lui assurèrent la domination dans l'histoire de la peinture de ce siècle.

De retour en France, Corot sentait son âme s'épanouir devant les
aspects du sol natal. Dans ses excursions autour de Paris, il retrouvait les souvenirs frais et pénétrants du jeune âge; il respirait mieux
au milieu de cette campagne dans laquelle il était né, qui était plus près
de son esprit et de tout son être que l'Italie, et d'où lui était venue la
conscience de sa vocation véritable. La pension paternelle lui permet-
tait de suivre ses inspirations et de se laisser aller à ses instincts.
Autour de lui, d'autres luttaient pour le pain de chaque jour, et les
révoltes qui grondaient au fond de leur cœur se traduisaient par les
pages terribles où tout s'écroule sous l'orage qui passe et qui étaient comme
un reflet de leur propre vie de tourmente. Corot, lui, s'acheminait dans
l'existence sans un autre souci que celui de son art; sa pensée demeure
sereine et joyeuse; pour lui, la création tout entière est souriante; tout
lui semble également beau et grand dans cette nature qui s'ouvre à son
esprit sous son aspect le plus gracieux, le plus poétique. Il n'est point
besoin, pense-t-il, de chercher si loin ce qui est si près de lui, la grandeur et la simplicité dans la vérité. Le principe dominant chez ce grand
artiste n'est pas de frapper le profane par des développements pano-
ramiques, mais de faire vibrer son art comme la nature, d'en surprendre
la vie incessante, de faire circuler l'air dans l'espace et d'agiter le feuillage sous la brise; il veut dégager l'impression poétique des choses et
la transporter sur la toile. Cette poésie, pense-t-il avec raison, n'est pas
seulement dans le motif qui lui importe peu; elle est dans la vérité,
car rien n'est d'une plus complète poésie que la réalité même : que ce
soit le vieux *Pont de Mantes*, aperçu à travers les grands arbres qui se
reflètent dans les eaux lumineuses, ou le *Lac de Garde* qui s'étend à perte
de vue dans la lumière matinale, avec le feuillage des arbres sur les
bords que la brise fait tressaillir; c'est la campagne même que cet enchanteur semble transporter sur sa toile, dans tous ses aspects; il lui emprunte la buée rose du matin, comme il étend sur son œuvre l'humidité
de la nuit naissante; les roseaux agités par le vent semblent remuer à

la surface des eaux limpides, les branches des arbres suivent, dans
un mouvement léger, les caprices de la brise. Corot est le peintre
par excellence de la sérénité dans la nature.

On ne doit pas s'étonner que cet art, sorti pour ainsi dire tout frais
de la sensation d'un artiste primitif qui ne s'appuyait sur aucun
ancêtre, ait été si longtemps contesté. Le public, habitué à voir défiler
sous ses yeux une nature immobile, devait naturellement se troubler
devant les pages vibrantes de Corot. Les éternels recommenceurs de
l'enseignement officiel le combattirent à outrance. Lui, le doux inspiré,

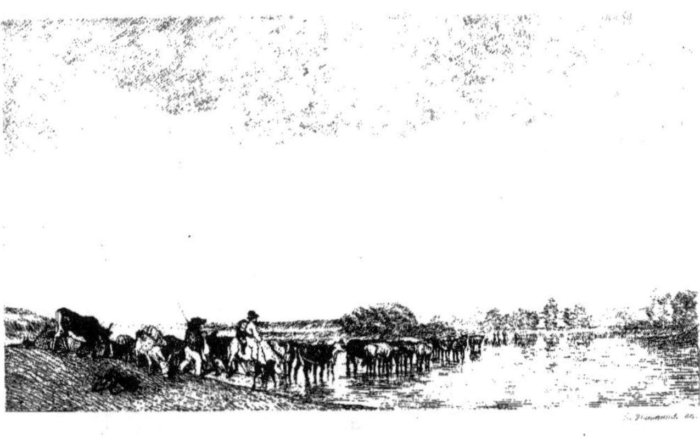

n'entendait rien de ces clameurs dans la solitude des bois, sur les
bords de l'étang où son âme s'ouvrait aux enchantements de la
création.

De cette lutte pour ainsi dire corps à corps avec la nature, non
dans ses lignes seulement, mais dans la vie qui l'agite, se dégage
peu à peu ce grand artiste et ce grand poète. Tout ravit, tout charme,
tout séduit dans son art comme dans le paysage même. Aucun artifice
pour refouler par les premiers plans le fond de son tableau : l'atmosphère enveloppe toutes choses comme dans la nature, leur donne
l'harmonie de la couleur et établit les distances. Il n'est pas besoin
de faire circuler une sainte Famille dans un paysage qu'on n'a jamais
entrevu; il montre la créature humaine dans son milieu ambiant qui

est l'atmosphère. Le pêcheur sur les bords d'un étang, le paysan qui s'achemine dans une allée d'arbres lui suffisent pour marquer l'étroite union entre la campagne et ce qui vit en elle. Ces figures ne sont jamais jetées dans ce milieu par le caprice ; elles se meuvent dans le paysage pour en compléter l'impression. Il est des heures où la pensée de ce poète prend son vol vers le mystère, et alors, dans des sites d'une incomparable grandeur dans leur réalisme, il traduit le bruissement des feuillages par les apparitions surnaturelles des nymphes et des faunes, comme le poète croit entendre les voix des esprits dans le murmure du vent qui parcourt les arbres. Mais que ce soient des nymphes ou un simple pêcheur, ces figures sont toujours le complément du paysage, l'incarnation de l'émotion que l'artiste a subie, tant il est vrai que dans l'art le sujet n'est rien et que toute sa valeur est dans la sensation qu'il communique.

Selon ces sensations intimes de l'artiste, son art se modifie. Tantôt, quand la nature le frappe par une forme précise et ses lignes arrêtées, il la serre d'aussi près que les plus grands maîtres. Tantôt, quand sa pensée est prise par l'aspect de l'ensemble, il dédaigne les petits côtés et ne rend que ce qui le préoccupe en ce moment. C'est pour cela que dans l'œuvre du maître, à côté de tableaux dont le rendu est si précieux et qui marque une seule des faces de ce talent varié, il y a des pages où l'artiste ne poursuit que l'impression poétique qui l'agite et où il sacrifie tout à cette allure générale de son œuvre ; mais la maîtrise, sous quelque forme apparente qu'elle se présente, partout est la même. Il faut être aussi savant pour arrêter au passage, dans la note juste et sa forme indécise, le feuillage que la brise agite, que pour dessiner d'une main ferme et dans des lignes irréprochables le tronc d'un chêne planté dans la terre par les solides assises de ses racines. L'art de Corot, a-t-on dit, est une fenêtre ouverte sur la nature, et c'est vrai. Il ne nous rapporte pas seulement un souvenir plus ou moins heureux de la nature, mais la nature même avec ses vibrations et l'atmosphère. D'autres ont vu la création sous des aspects plus sévères que Corot ; aucun maître ne l'a contemplée avec plus de poésie et d'émotion véritable.

Dans cette œuvre, tout n'est pas d'une égale valeur. Il faut notamment, pour la maintenir dans tout son éclat, faire des réserves pour la production hâtive des dernières années, où, après de si longs dédains et avec le goût croissant de la peinture, la nuée de marchands avides et d'amateurs en retard s'abattit sur ce génie qui ne sut pas toujours résister aux sollicitations. Ce vieillard était flatté de cet acharnement tardif; il ne lui déplaisait pas que les billets de banque affluassent dans son modeste atelier de la rue des Petites-Écuries. Cela faisait une compensation avec le temps où Corot disait en riant à un de ses amis :

« J'ai enfin vendu un tableau, et je le regrette, car il me manquera à la collection complète. »

Ce n'était pourtant pas l'amour de l'argent qui jeta Corot dans cette

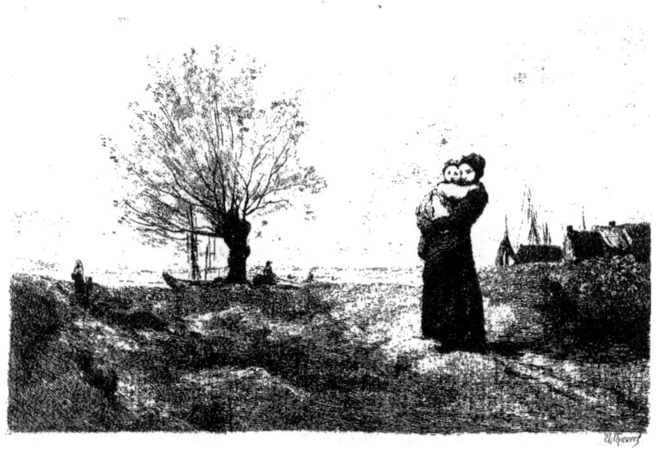

production hâtive des dernières années ; le grand artiste vivait de peu et donnait le reste. Quoique son patrimoine, une quarantaine de mille francs de rente, dût, à défaut d'enfants, aller un jour aux collatéraux, Corot, entré en possession de sa fortune, à la mort de son père, ne voulut jamais y toucher. Ce qui vient de la famille doit retourner à la famille, avait-il coutume de dire. Et il laissait s'entasser les intérêts sur le capital pour ses neveux. Cet argent n'est pas à moi, disait Corot, je n'en suis que le dépositaire jusqu'à ma mort. Et il tint parole.

Mais il lui fallait de l'argent, beaucoup d'argent, pour les œuvres de bienfaisance qui étaient devenues la grande passion de sa magnifique vieillesse. Tout ce qu'il gagnait maintenant avec son art, il le donnait sans compter, et des sommes très importantes. Un jour, on le sait, il acheta la petite maison qu'Honoré Daumier, ce grand dédaigné, habitait à Valmondois depuis de longues années, et qu'il était forcé de quitter, faute de pouvoir l'acquérir. Corot ne réfléchit pas longtemps ; il va à Valmondois, achète la petite propriété, la paie comptant et l'offre à son ami qui simplement lui dit :

« Tu es le seul homme que j'estime assez pour pouvoir en accepter quelque chose sans rougir. »

Une autre fois, un peintre de ses amis vint lui demander cinq mille francs. Corot, de mauvaise humeur ce jour-là, répond qu'il ne les a pas. Mais une fois l'ami parti, l'artiste réfléchit ; il quitte sa blouse, dépose sa pipe, sa fameuse « pipette » devenue légendaire dans les ateliers, court chez l'ami et lui dit :

« Pardonne-moi, je ne suis qu'une canaille ; je t'ai dit tantôt que je n'avais pas cinq mille francs ; j'ai menti, et la preuve, c'est que les voici ! »

Peu de temps avant sa mort, il fit une grande affaire avec un marchand. Quand celui-ci compta à l'artiste son argent, Corot prit une liasse de dix billets de mille francs et dit au marchand :

« Gardez ceci ; quand je n'y serai plus, vous donnerez pendant dix ans une pension de mille francs à la veuve de mon ami Millet. »

Et c'est ainsi que la femme d'un autre grandissime artiste, mort dans la misère, celui-là, touche depuis huit ans cette pension offerte par un génie heureux à la mémoire d'un génie malheureux. Quoique Corot donnât de la sorte à pleines mains non seulement à ses amis, mais encore aux solliciteurs, et quoiqu'il n'eût pas touché à son patrimoine, ainsi que je l'ai dit, on trouva encore dans son secrétaire plus de cent mille francs que le grand insouciant n'avait pas pris la peine de faire fructifier. C'était sa caisse permanente de secours. Lui, simple comme toujours, n'avait pas besoin de beaucoup d'argent. Un petit appartement au faubourg Poissonnière, le modeste atelier au quatrième, plus loin, lui suffisaient. Sa grande passion en dehors de son art était la musique ; le dimanche, on le voyait aux Concerts populaires, recueilli, ému, souvent attendri jusqu'aux larmes quand on lui jouait un adagio de Mozart, son maître préféré, l'âme-sœur de ce grand artiste qui fut, lui, le Mozart de la peinture. Corot, accablé de commandes sur le tard, adopta pour le prix de ses œuvres le système suivi par les grands médecins : c'était moins pour l'un que pour l'autre ; il donnait à bas prix aux marchands besogneux, il faisait payer plus cher à la classe moyenne, et il *salait*, comme il disait, les hommes très riches qui l'avaient dédaigné si longtemps et qui, maintenant, se ruaient sur lui dans son apothéose. Mais tout cet argent s'en allait en bienfaits discrets ; il se prodiguait pour les autres.

L'illustre vieillard sentait bien que cette production incessante l'entraînait en dehors du grand art. Et c'est pour cela que, fuyant Paris, il s'installa si souvent dans la maisonnette de Ville-d'Avray pour se retremper devant la nature. Là, par exemple, au milieu de ses études, défense de le relancer. On respectait cette retraite comme un temple sacré où Corot,

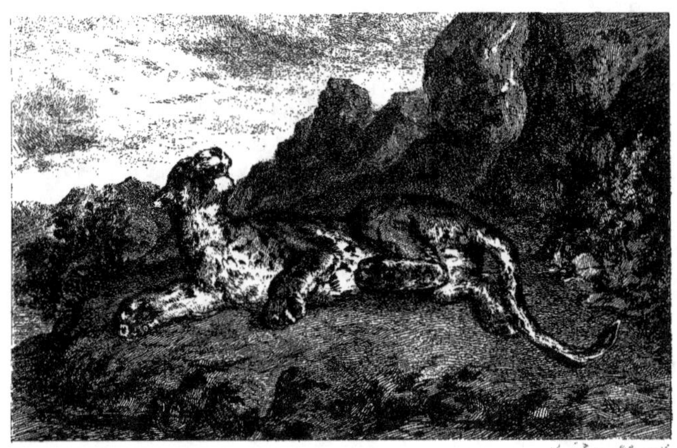

comme il le disait parfois, faisait sa prière devant l'œuvre de Dieu. En dessinant cette silhouette d'un des plus purs génies de l'art français, je me sens envahi par sa propre bonté. Je ne veux pas plus insister sur les injustices qu'il a subies qu'il ne montra, lui, d'amertume en parlant des froissements d'amour-propre. Jamais le jury d'aveugles ne voulut décerner la grande médaille d'honneur à ce génie qui troublait les petites vanités.

Offensés par cette injustice, les artistes, en dehors des coteries officielles des Expositions, se réunirent peu de temps avant la mort du grand homme et offrirent, dans une affection filiale, une grande médaille d'or à celui que la tendresse avait surnommé : le père Corot. Jamais le maître ne parut plus radieux que ce soir-là, quand, souriant dans son incommensurable bonté, il remercia ceux qu'il appelait « ses enfants ». Les uns et les autres avaient raison. Corot avait réellement les sentiments paternels pour ses jeunes confrères, et ceux-ci lui avaient voué une affection vraiment filiale.

Quand Corot mourut, son ami et son égal, Jules Dupré, pouvait dire ces simples paroles qui sont la plus belle des oraisons funèbres, car elles résument toute la vie de Corot :

« On remplacera difficilement le peintre, on ne remplacera jamais l'homme. »

Le caractère d'un artiste se reflète toujours dans ses œuvres. Ce qui perce sous la note d'art admirable, c'est l'attendrissement de l'homme devant tout ce qui touche son âme. On vit avec le peintre dans ses tableaux ; on respire sa poésie douce et simple comme la poésie populaire ; on se réjouit avec lui des enchantements qu'il subit et qui répandent sur toute son œuvre la note souriante du peintre, heureux de vivre et de respirer les senteurs des champs qui semblent envelopper le paysage et envahir le contemplateur de ses toiles. L'art seul qui évoque de telles sensations est le grand art ; le reste n'est qu'habileté et jonglerie. Quand un homme ne pense pas lui-même, quand il ne met pas son âme tout entière dans sa toile, quand par son œuvre on ne peut pas lire au fond de son cœur, il peut faire de la peinture, mais de l'art, jamais !

II

'EST un soir d'automne, dans une modeste maison de paysans : les enfants pauvrement vêtus, grelottant de froid, reviennent de l'école ; d'autres, en bas âge, jettent un regard inquiet dans la salle à manger et demandent pourquoi on ne met pas le couvert ; la mère les contemple avec tendresse, ses yeux semblent interroger le mari qui entre, tombe accablé sur une grossière chaise en bois et appuie sa tête dans ses mains. Ce jour-là, il n'y a pas de pain dans l'humble demeure de Barbizon, le joli village de la forêt de Fontainebleau. Les enfants, attristés par le silence des parents, se cramponnent à eux ; ils sentent

qu'un grand chagrin plane sur la maison. La nuit vient peu à peu,
et cette douloureuse scène de famille est plongée dans les ténèbres ;
de temps en temps le bois humide flambe un instant et éclaire ce
tableau émouvant d'une rapide lumière qui s'éteint aussitôt. Dans cette
maison on manque de tout ; le crédit chez le boulanger est fermé ; si

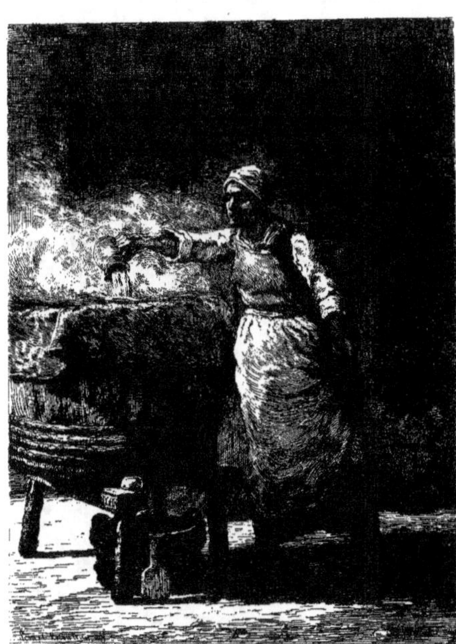

l'ami qui est allé à Paris, la veille, ne revient pas avant une heure, on se couchera sans avoir mangé. On compte les minutes. Rien !

Tout à coup le père se lève, il a entendu le bruit d'une jambe de bois sur la terre durcie : C'est lui ! La porte s'ouvre : « De la lumière ! » s'écrie une voix forte. A ce ton de commandement on devine que l'ami apporte de bonnes nouvelles. Tantôt cette famille en détresse avait peur de se voir ; maintenant l'espoir renaît ; la chandelle dans son vieux chandelier de fer-blanc est allumée : dans la porte se dessine la silhouette d'un homme de haute taille
qui, avec un éclat de rire retentissant, montre un énorme pain qu'il jette
ensuite sur la table en s'écriant : « Allons, les enfants, venez souper ! » Ce
sauveur est Diaz. A Paris, il a vendu, pour soixante francs, trois dessins de
son ami Millet, et, selon la mode du temps où l'or était moins répandu, on
l'a payé en grosses pièces de cent sous ; il en a changé une en passant
chez le boulanger, pour aller au plus pressé ; il tire les onze autres pièces,

une à une, de la poche de son pantalon de velours, les fait miroiter à la lueur de la chandelle et dessine autour du pain une guirlande d'argent. Les enfants, radieux, émerveillés par le trésor, se sont approchés de la table et ouvrent leurs yeux tout grands d'étonnement et de bonheur. La mère remercie Diaz du regard; elle ne trouve pas une parole pour lui exprimer sa reconnaissance. Le père a saisi la main de son ami et la presse avec émotion, puis tout le monde se met à l'œuvre; on attise le feu; à présent l'eau bouillante siffle dans la marmite où l'on jette des choux, des pommes de terre et du lard. Le fumet de ce régal se répand dans la maison et monte au cerveau; bientôt autour de la table en bois blanc, la famille est réunie; Millet seul demeure grave, car il pense au lendemain. Mais Diaz le rassure; ses yeux flamboient; il donne de grands coups dans le plancher avec sa jambe de bois en s'écriant :

« Patience! Ils y viendront doucement! Rousseau a vendu un paysage pour cinq cents francs; moi j'ai vendu une vue de Fontainebleau pour soixante-quinze francs. Et je suis chargé de te demander le pendant de tes dessins! Et, au lieu de vingt francs, cette fois ce sera vingt-cinq francs! »

Ce à quoi Millet résigné répondit :

« Si je pouvais seulement vendre deux dessins par semaine dans ces prix-là, tout irait bien! »

Et Diaz, lançant d'épaisses bouffées de fumée de sa pipe, en faisant des ronds pour amuser les enfants, dit :

« Tu n'es pas dégoûté, toi! Cinquante francs par semaine! Va donc, financier! »

L'homme que Diaz appelait ironiquement financier, pour l'arracher à ses rêves d'or et pour le faire rentrer dans la réalité des choses d'icibas, était Jean-François Millet, c'est-à-dire un des plus grands artistes de ce siècle. Né à Gréville, en 1815, il vint à Paris et se fit admettre à l'atelier de Paul Delaroche. Au milieu des jeunes gens qui faisaient leurs études chez le maître, Millet se distinguait par une austérité qui contrastait singulièrement avec sa jeunesse. C'est que sa pensée était obsédée par la distance entre l'art qu'on lui enseignait et celui qu'il entrevoyait dans son cerveau. Sans doute, il fallait apprendre l'anatomie et étudier la structure de l'homme; mais ceci fait, on ne devait pas passer sa vie à peindre des modèles travestis et dans des poses affectées, mais saisir l'homme sur le vif, dans son milieu ordinaire, dans son labeur. Les paysans d'opéra-comique surtout, que la peinture exploitait, ces paysans

endimanchés avec leurs vêtements sortis de chez le costumier, l'irritaient.
Millet avait toujours aimé la campagne ; il s'en fut au village de Barbizon,
qu'il ne devait plus quitter ; il voulait vivre avec les paysans ; loin de
Paris, dans ce village inconnu, la vie était bon marché ; moins on avait
à se préoccuper de la question d'argent, plus on pouvait consacrer de
temps à la question d'art. Dans cet isolement de la pensée, dans cette incessante contemplation du paysan dans son milieu, le génie de Millet a

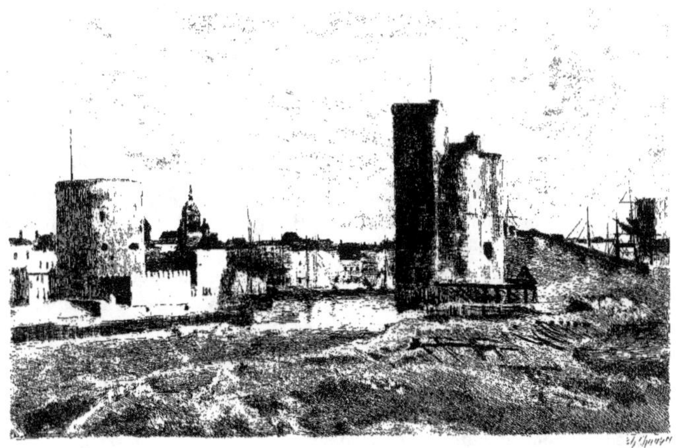

mûri, malgré les privations et les soucis de chaque jour. Cet art-là, on
peut le dire, est venu des entrailles mêmes de Millet ; il ne s'appuie sur
aucun prédécesseur ; il a pour source la nature et pour père nourricier
la pensée propre du peintre.

Autour de Millet la famille s'élargissait ; de nombreux enfants entouraient le grand artiste et les besoins grandissaient. Si humble que fût
cette vie, à laquelle Millet et les siens s'étaient résignés, on ne pouvait
pas toujours faire face aux modestes dépenses. Le public, habitué aux
aimables paysanneries en vogue, se demandait d'où sortaient ces
laboureurs couverts de terre, ces rudes hommes des champs avec leurs
visages hébétés par la peine et leurs mains calleuses. Ces tableaux de
la misère dans la campagne faisaient mauvais effet dans les demeures

de quelques opulents qui accrochaient de la peinture sur les murailles pour se divertir; l'œuvre de Millet les attristait dans leur bien-être, on la repoussait. D'où venait cet art mélancolique sans séduction extérieure? Ce n'était ni aimable, ni gai! Seuls, quelques raffinés le comprenaient; mais le plus souvent c'était quelque amateur modeste ou un spéculateur habile qui se disait qu'au prix où en étaient les tableaux de Millet, on ne risquait pas grand'chose. C'est ainsi qu'un petit chef-d'œuvre, la première pensée des *Glaneuses,* qui vaut aujourd'hui soixante mille francs, fut vendu par Millet pour douze pièces de cent sous. C'était énorme pour ce simple, car cela représentait douze jours de pain, c'est-à-dire l'indépendance pendant près de deux semaines pour ce génie, résigné à une vie de patriarche. Pourvu qu'après le labeur du jour, il eût le soir la soupe du paysan avec un morceau de pain bis et l'eau fraîche de la source, le reste lui importait peu. Le soir, quand les enfants étaient couchés, le grand artiste lisait la Bible à la lueur d'une lampe, non par dévotion, mais pour se consoler et se fortifier dans l'histoire simple des patriarches; souvent son ami et son voisin, Théodore Rousseau, venait s'asseoir en face de lui, et alors ces deux dédaignés se vengeaient entre eux du mépris de leur temps et puisaient, dans le mutuel enthousiasme pour leur art, la force pour la lutte du lendemain. Il a fallu trente années d'abnégation, de résignation et de tristesse de tous les jours pour que le peintre s'imposât lentement; et comme il était écrit qu'il serait martyr de son art jusqu'au bout, la maladie le saisit à l'heure où il pouvait enfin toucher au but et le coucha dans le tombeau au moment où la renommée s'établit définitivement autour de son génie.

Il n'y a pas d'histoire plus douloureuse que celle de ce grand artiste qui a passé sa vie dans la pauvreté et l'isolement. Les toiles qui maintenant font l'orgueil de l'art français passèrent inaperçues aux Salons officiels, dédaignées par le Jury, exclusivement composé de l'Institut qui, à cette époque, était omnipotent, de cet Institut qui, depuis, s'est transformé un peu, mais qui repoussait systématiquement les œuvres vivantes et belles qui portent si haut l'art français. Les tableaux de Millet, d'abord refusés, furent ensuite admis aux Expositions, mais sans succès ; on reprochait à ce grand artiste de « faire laid », c'est-à-dire de ne pas peindre des laboureurs de convention, bien équilibrés et ornés de toutes les grâces. Millet voyait le paysan le dos voûté, la poitrine rentrée, à force de se courber vers le sol, les vêtements couverts de terre, les bras et le visage brûlés par le soleil, hâlés par le vent. Dans ces chefs-d'œuvre impérissables, le paysan apparaît dans la majestueuse vérité de la

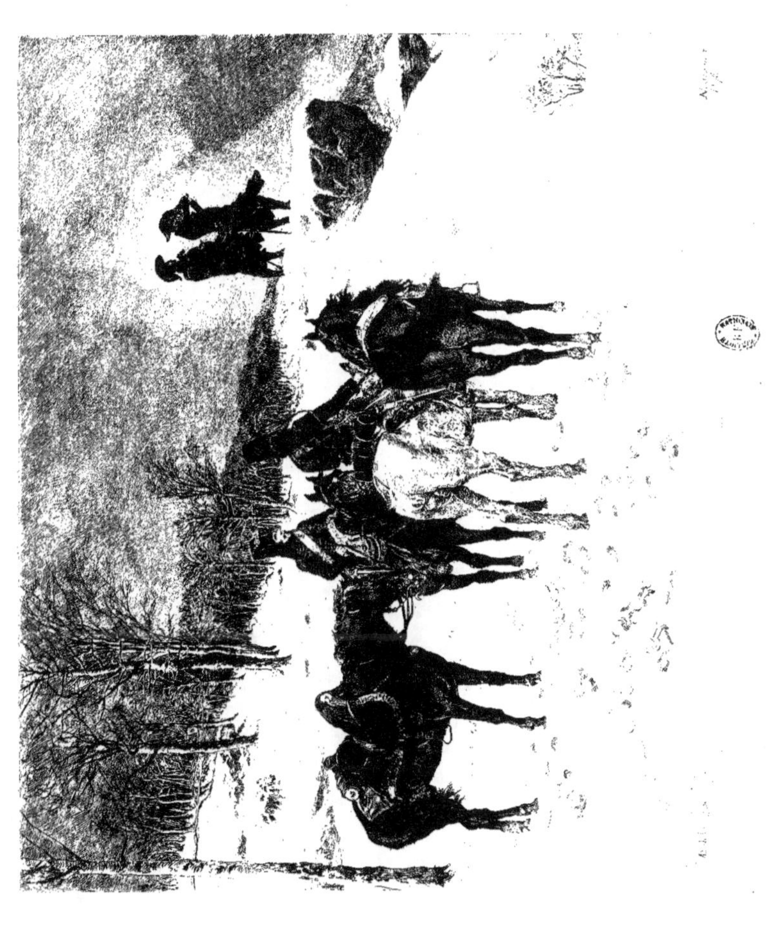

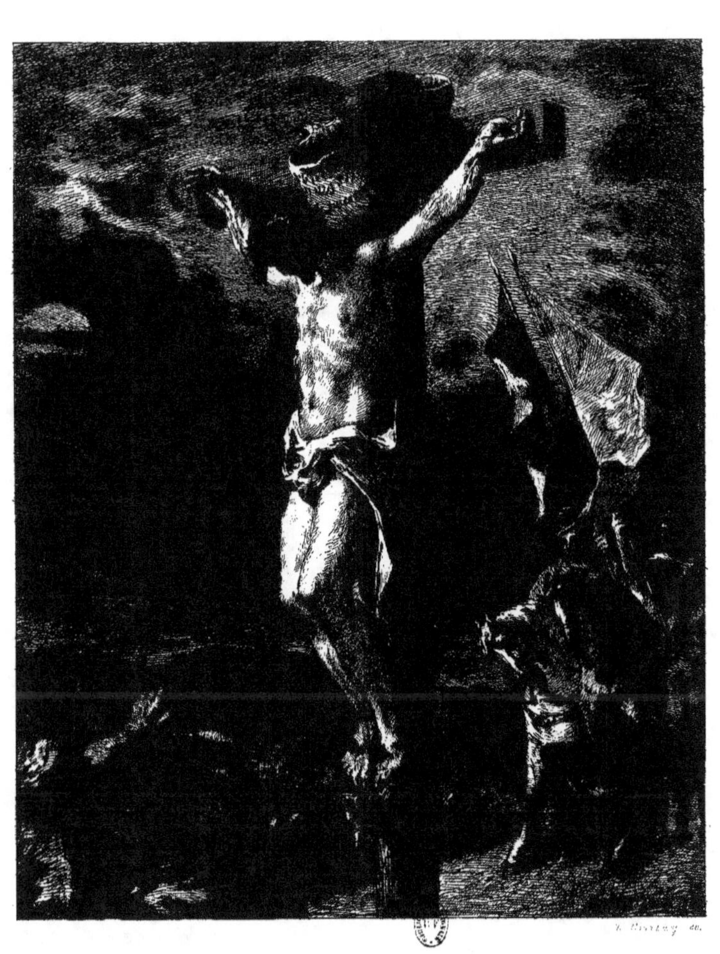

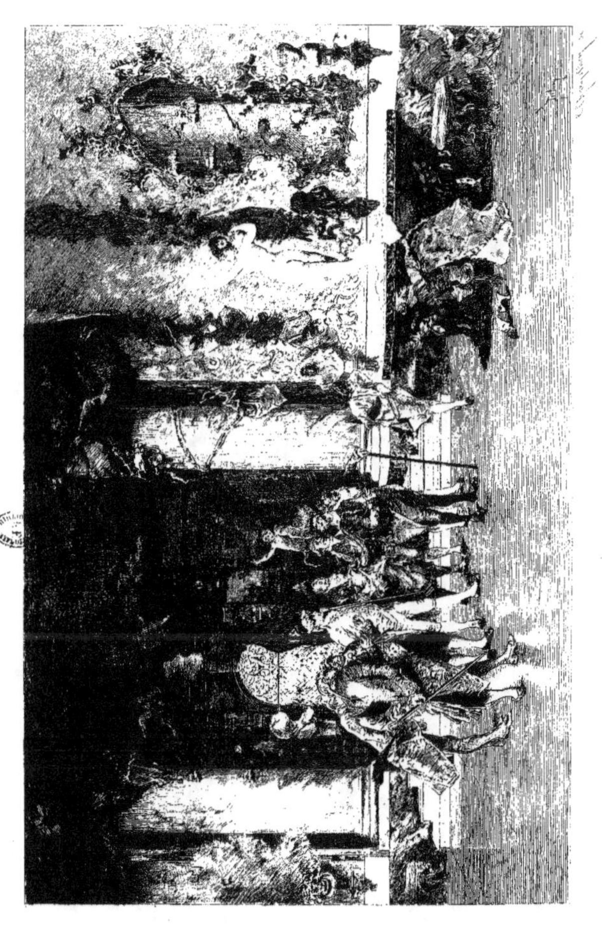

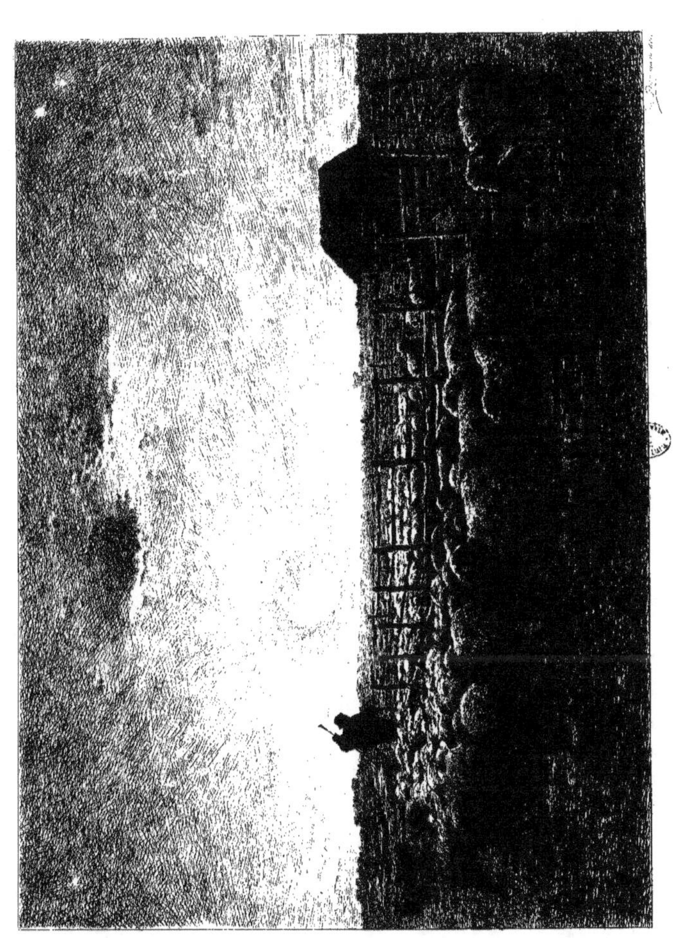

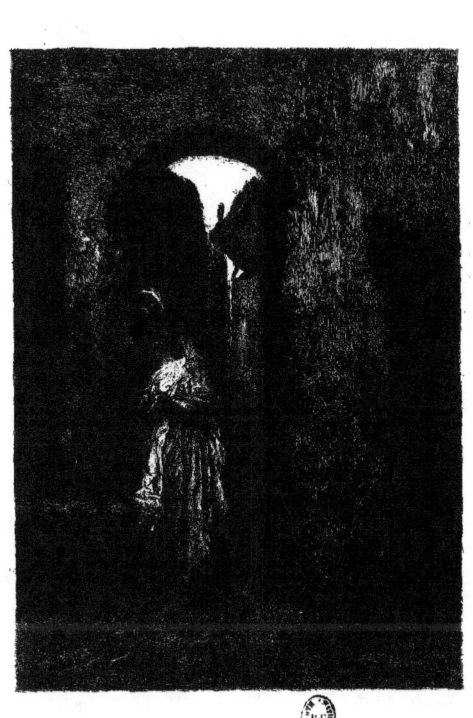

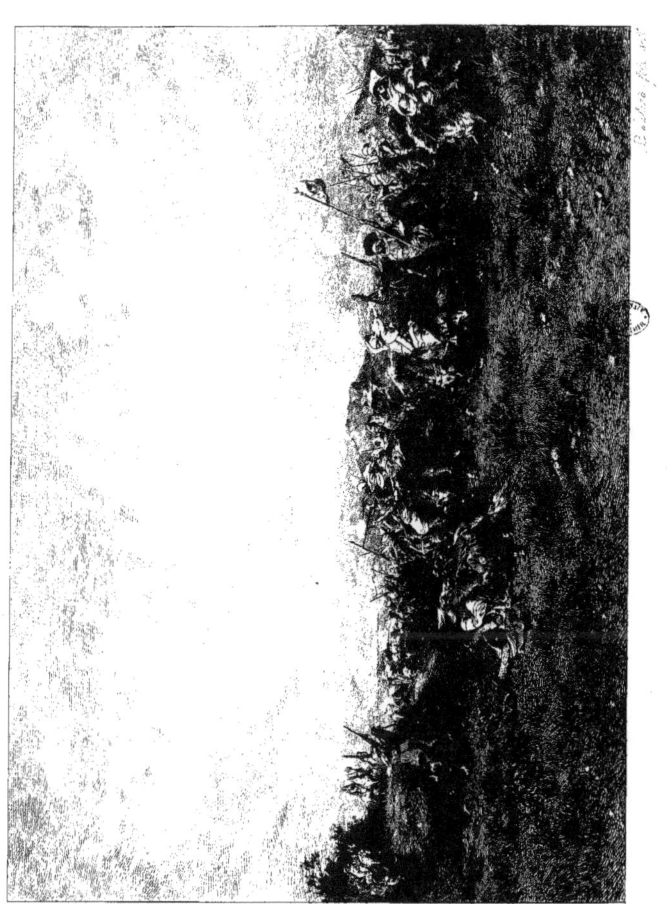

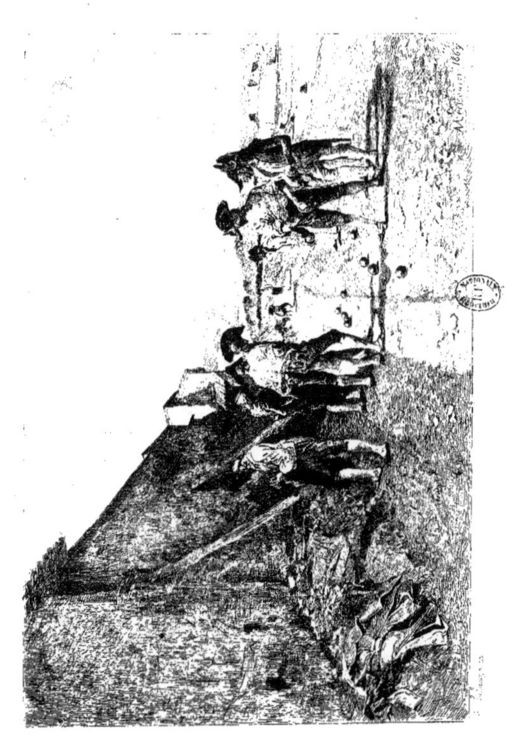

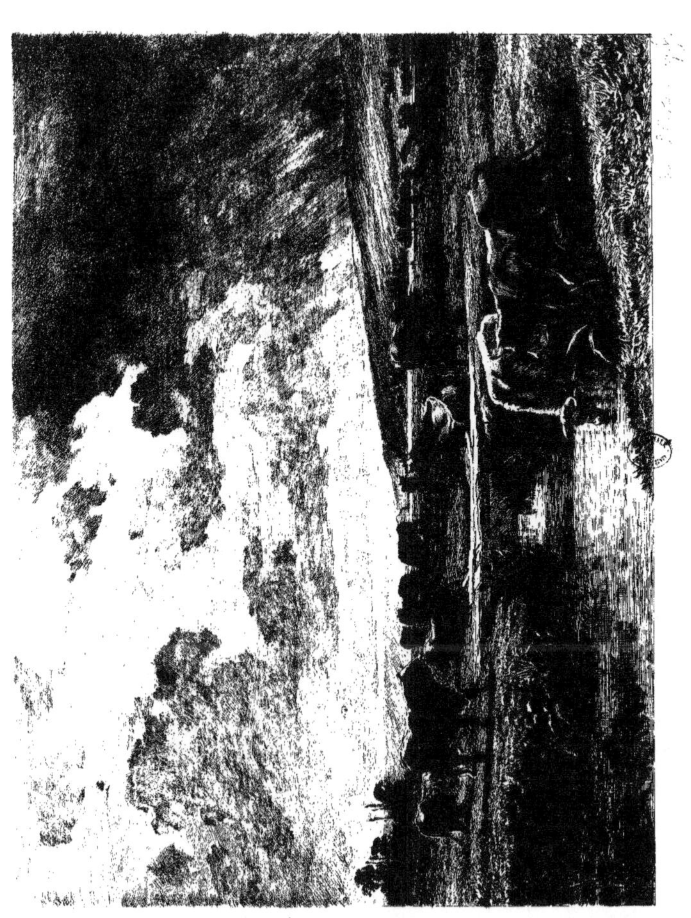

créature humaine en lutte avec la terre qu'elle féconde et qui la fait vivre. Ni distinction au Salon, ni argent, ni encouragement d'aucune sorte en dehors des bravos de quelques jeunes artistes et de rares critiques d'art qui se rallièrent peu à peu à ce génie primesautier. A travers tous ces dédains, Millet poursuivait sa route, la tête haute, l'ironie sur les lèvres; il avait pour lui l'approbation de ceux qu'il estimait le plus, des Delacroix, Rousseau, Dupré, Corot, Diaz, et de cet autre grand artiste si longtemps dédaigné : Barye. La lutte commune avait établi entre tous ces vaillants comme une fraternité d'armes; ce petit groupe se tenait par la main et marchait contre le grand nombre de la médiocrité repue comme une poignée de héros

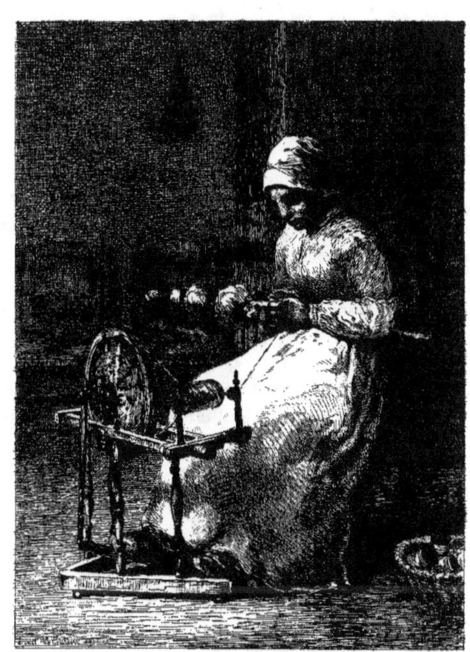

marche à la rencontre d'une armée nombreuse, bien décidés à vaincre ou à mourir. De tous ces grands artistes, Millet fut le seul qui ne devait pas toucher au but. Le Destin lui fut cruel jusqu'à la fin; il tomba mortellement frappé dans le combat à l'heure du triomphe décisif pour les autres; quand enfin, après de si longues luttes et de si cruelles douleurs, son art commençait à être coté, le peintre, atteint par la maladie, avait perdu ses forces et son énergie; on peut dire de Millet

qu'il est mort de son art, vaincu avant l'âge, terrassé au moment où la
vieillesse commençait à se dessiner pour lui, douce et heureuse, laissant
à la postérité, qui rétablit l'équilibre en toutes choses, le soin de conserver
son nom comme l'un des plus grands de l'art français.

Dans cette exposition des cent chefs-d'œuvre, le génie de Millet éclata
encore plus puissant que par le passé. Trois de ses toiles, notamment,
résumaient toute l'œuvre du grand artiste, trois chefs-d'œuvre absolus,
Les Glaneuses, *Le Parc à Moutons* et *L'Homme à la houe ;* de tous les trois se
dégage la même surprise. C'est que les figures de petites dimensions
prennent sous l'œil du contemplateur les proportions de la nature. Ce
mirage s'explique par la grandeur de cet art sorti de la nature même et
qui vous ramène forcément vers elle. L'œil voit les choses dans les dimensions qu'elles ont réellement ; c'est ainsi qu'elles se gravent dans notre
mémoire. Un grand artiste peut réduire les proportions sans amoindrir la
majesté des choses.

C'est ce qui arrive par exemple pour l'*Angelus ;* quand on regarde
ce grand chef-d'œuvre qui tout simplement montre l'homme et la femme
croisant les mains dans la prière en entendant le son de la cloche à
travers la solitude des champs, ces deux paysans semblent grandir
sous les yeux du spectateur ; ils prennent les proportions·de la nature ;
le paysage s'élargit et devient immense, le ciel lumineux a des proportions
mystérieuses ; tant qu'on est sous le charme on subit cette illusion.

Il en est de même de l'*Homme à la houe*, une des œuvres magis-
trales du Maître : le paysan est là, appuyé sur sa houe, respirant un
instant de son labeur écrasant ; il est penché en avant comme un
être dont la volonté lutte contre l'accablement de la fatigue qui l'envahit. Le mouvement est si observé, les formes sont dessinées en
lignes si vivantes, le drame de l'humble aux prises avec le sol est si
puissamment indiqué, que le paysan prend les proportions véritables
sous l'œil du spectateur ; on souffre de sa peine ; on est comme lui,
obsédé par le trop plein du travail imposé à l'homme ; il vit et on vit
avec lui ; le champ qu'il cultive s'étend à perte de vue ; nous ne pen-
sons plus au tableau tant cet art véritable nous ramène dans la nature
même. C'est bien ainsi que l'un et l'autre nous avons vu le paysan
courbé sur la terre, et devant la réalité nous avons éprouvé le même
respect et la même pitié pour le simple résigné dont la poitrine se
soulève avec le bruit d'un soufflet de forge qui retentit dans la solitude comme le cri inconscient d'un humble contre le destin. Le peintre
qui sait mettre tant de pensées en une seule figure, qui parvient à

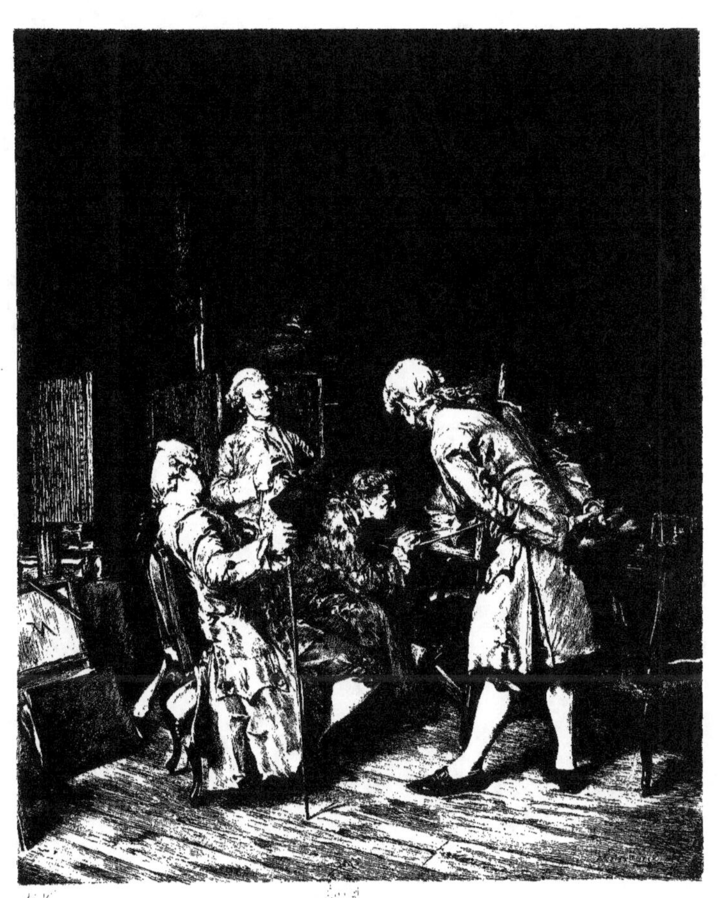

remuer les âmes avec cette simple scène champêtre est un grand
maître, croyez-le bien. Dans aucune de ses œuvres Millet n'a été
plus puissant dans la simplicité. Je ne connais de lui qu'un dessin
où il ait mis un drame si poignant dans une seule figure : c'est le
Vigneron; il s'est assis sur un tertre, affaissé, écrasé par la fatigue, haletant, dans l'effroyable expression de l'être tellement accablé par le rude
labeur, qu'il ne pense plus à rien ; la tête s'incline, les bras surmenés
tombent le long du corps ; les mains calleuses pendent inertes ; il n'y
a plus de volonté dans cette figure hébétée par la dépense de toutes

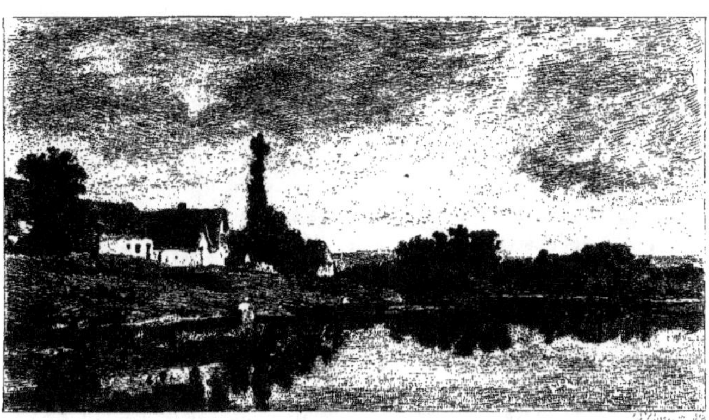

ses forces physiques. Nul mieux que Millet ne pouvait comprendre et
rendre cette lutte de l'homme avec son labeur ; lui, le grand vaincu,
dont toute la vie fut un combat de chaque jour pour le pain quotidien.
Que de fois, lui-même, haletant, exténué, brisé, découragé, s'était
assis sur le bord du chemin !

Toutes ces œuvres si belles ne groupèrent autour du peintre que
les plus enthousiastes parmi les jeunes ; le jury officiel des Salons passait indifférent devant cette puissance, gardant ses tendresses pour
les mièvreries des paysannes d'opéras-comiques. On était encore sous
le souvenir triomphant des paysans italiens de Léopold Robert, de
ses moissonneurs élégants, d'une attitude recherchée, qui se groupaient
en un tableau vivant, composé avec beaucoup de goût ; et vêtus de

costumes multicolores sur lesquels le labeur de la terre n'avait pas laissé de trace. C'est dans l'épanouissement de cet art triomphant que parut Millet avec ses paysans véritables, d'une attitude énergique, avec leurs vêtements qui avaient peu à peu pris le ton de la terre, tant l'homme se confondait avec elle. Cela manquait de poésie! disait-on. C'est-à-dire cela manquait de mensonges! Rien n'était combiné pour éblouir les yeux; dans cet art tout s'adressait à la pensée; la poésie n'était pas à la surface de ces toiles; elle était dans l'essence de ces créations. Millet était un grand poète primitif sorti de l'isolement et de la contemplation comme les vieux poètes sortis des entrailles du peuple, dont les noms ont disparu, mais dont les œuvres sont restées comme d'impérissables manifestations de l'âme humaine.

Cette poétique originalité variait avec le sujet. Terrifiante dans l'*Homme à la houe*, elle prend un tour gracieux dans les *Glaneuses*. La moisson est faite; le fermier contemple les meules que font ses gens sous le soleil limpide et souriant. La terre a été bienfaisante à ce point que les malheureux en ont leur part. De pauvres femmes glanent les épis perdus; elles ramassent l'aumône des champs, dans des mouvements pleins de vérité et de grâce; le jour est doux à tous, au fermier comme à l'humble, à chacun dans les proportions que le Destin lui a faites; tous sont heureux dans la mesure de leurs ambitions; aussi l'artiste maintient-il son œuvre dans une note souriante; ici la poésie de Millet s'attendrit; le soleil n'est pas seulement étendu sur le paysage, les rayons pénètrent dans les âmes et réchauffent pour un instant les cœurs glacés par la misère. Le *Parc à Moutons* est un autre chef-d'œuvre. L'humidité étreint le paysage; le berger s'est enveloppé dans son manteau et fait rentrer dans leur parc les moutons, qui se serrent les uns contre les autres sous la fraîcheur de la nuit; la lune éclaire la scène de sa lumière indécise et pâle; à perte de vue le silence règne dans les champs; la toile n'a que cinquante centimètres et elle produit l'effet d'une œuvre des plus vastes proportions; la poésie pénétrante et la solitude envahissent à ce point l'esprit qu'on ne songe plus aux dimensions du tableau; il devient immense comme la nature.

Peu à peu, par l'habitude de s'identifier avec l'homme des champs, Millet était lui-même devenu un paysan; de haute stature, avec ses épaules puissantes, son visage hâlé mais plein d'énergie, vêtu de pauvres vêtements, les pieds chaussés de sabots, on pouvait le prendre pour un laboureur. Dans les paysans de son œuvre nous retrouvons l'artiste lui-même; il s'était vanté de mettre dans ses tableaux ce qu'il appelait le cri de la terre et le *han* du laboureur écrasé sous la peine; on peut dire aussi que

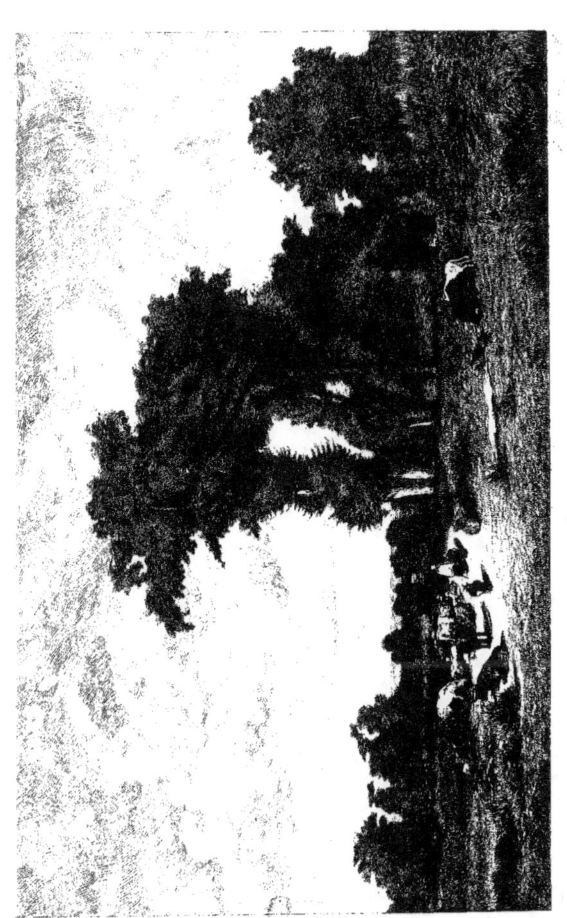

dans son œuvre est partout le cri de l'art et le *han* du grand peintre condamné à une vie de privations.

Cependant, avant de mourir, Millet put voir s'avancer vers lui la Justice, éternelle, mais souvent tardive. Quand, à l'Exposition universelle de 1867, on vit pour la première fois un grand nombre de ses œuvres réunies sur un même point, on fut frappé de la variété de cet art que jusqu'alors on avait jugé monotone. On daigna décerner une première médaille à ce

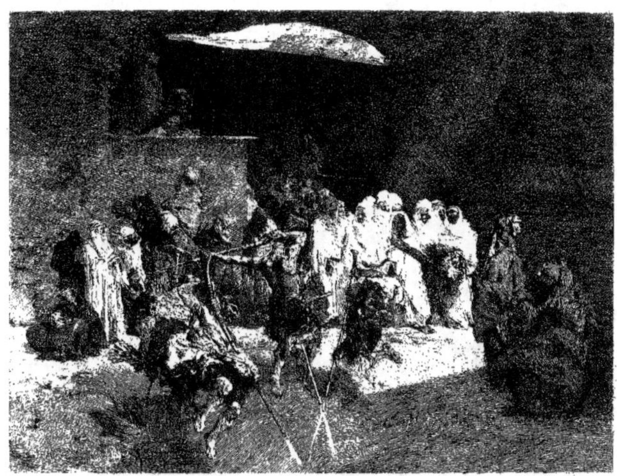

grand génie qui, depuis le Salon de 1853, n'avait remporté aucune distinction officielle ; on y ajouta même, pour la gloire de l'ordre, le ruban de la Légion d'honneur qui, après trente années du plus noble labeur, devait consoler cet illustre martyr de toutes ses tristesses. Quand Millet mourut, à soixante ans, dans le village de Barbizon, où toute sa vie, humble et résignée, s'était écoulée, le Gouvernement éprouva quelque honte à avoir si longtemps laissé cet illustre dans l'abandon; il offrit une petite pension à sa veuve. Il convient de ne pas trop insister sur la misérable question d'argent quand on résume l'œuvre d'un homme qui, dédaigneux, a passé à côté du bien-être pour ne vivre que dans son art.

6

Un jour, causant avec moi du temps de misère traversé par les artistes de sa génération, Rousseau me dit :

« Nous n'avions jamais le sou, mais nous ne causions jamais d'argent, car l'argent n'entrait pour rien dans notre ambition. »

En parlant de Millet, il convient aussi de glisser autant qu'il est possible sur les chiffres, qui ne prouvent rien. L'*Homme à la houe*, qui représente une fortune, n'est pas une plus grande œuvre d'art aujourd'hui qu'à l'époque où le grand artiste la vendit cent louis. Les années de misère traversées par Millet seront rachetées par les siècles d'impérissable gloire qui attendent son nom devant l'avenir ; l'humble chaumière de Barbizon, où s'est écoulée la vie de Millet, appartient à l'histoire mieux que la riche demeure d'un oisif heureux, dont il ne reste le plus souvent que la pierre sans un souvenir de l'homme qui l'a traversée.

III

ANS le premier quart du siècle, il y avait à Parmain, sur les bords de l'Oise, une modeste fabrique de porcelaine, exploitée par un habile artisan, M. Dupré ; le principal *artiste* de l'atelier était un enfant de douze ans. On lui enseigna à lire et à écrire, pas plus : après quoi on l'attela à la besogne paternelle. Soixante années se sont écoulées depuis ; l'enfant est aujourd'hui un robuste vieillard ; dans sa longue vie, Jules Dupré n'a si souvent quitté l'Oise que pour y retourner toujours avec plus de joie. A côté de Parmain, où jadis l'enfant était penché sur les assiettes, le grand artiste, parvenu à l'apothéose de sa vie, est toujours à l'œuvre ; du village qui fut son berceau artistique, l'illustre paysagiste n'est séparé que par l'Oise : la vue de ses fenêtres est pleine de souvenirs ; à toute heure, les enthousiasmes de l'adolescence reviennent à l'esprit du maître et lui rendent la foi et le courage des premières années. La maison de l'Isle-Adam est modeste, confortable tout au plus, d'un confort bourgeois, sans clinquant ; le grand luxe de la propriété, c'est le nom du propriétaire. Tout est combiné dans cette demeure d'un grand artiste pour les intimités de la vie, le travail et le repos ; aucun bruit de la rue ne

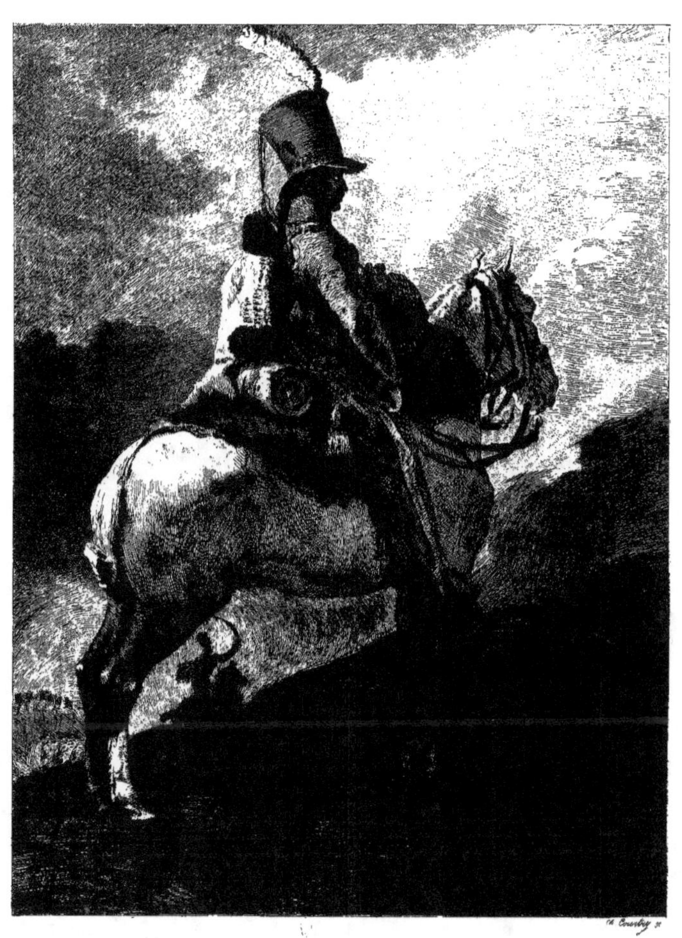

trouble le peintre dans son incessant labeur; la famille, tendre et attentive
à ses moindres désirs, l'attend aux heures de repos; souvent un ami vient
s'asseoir à la table hospitalière, et alors, quand Jules Dupré a allumé sa
pipe, on cause familièrement, ou plutôt le maître cause et les autres l'écou-
tent, car tout l'intérêt tourne autour de ses souvenirs. Ce sont les noms
glorieux des hommes dits de 1830, qui toujours font les frais de la conver-

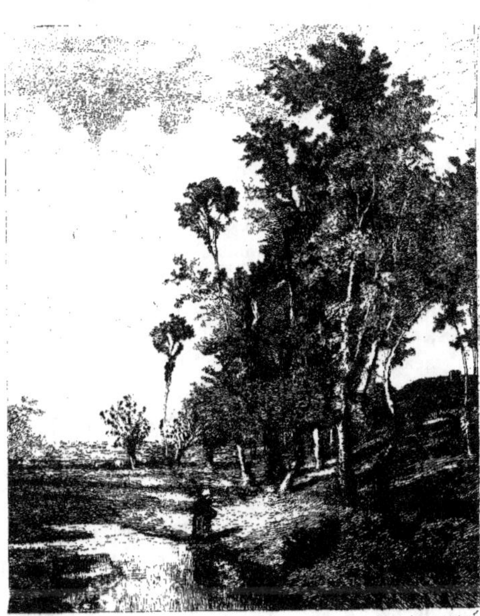

sation. L'esprit toujours si vif du vieil artiste semble rajeunir encore dans le feu de ces confidences, où l'on voit défiler Delacroix, Rousseau, Diaz, Corot, Barye, Millet, Decamps et Troyon, c'est-à-dire le plus pur de la gloire artistique de ce siècle. Tantôt, pendant le récit des rudes débuts, l'œil bleu et singulièrement intense s'illumine des éclairs des combats; tantôt, la voix s'attendrit et la pensée, dans une douce mélancolie, semble s'envoler vers l'impénétrable mystère où les amis ont pré-
cédé le dernier survivant de la fière pléiade de 1830. Quelques souvenirs de ses grands amis sont sur ses murs, des dessins magnifiques de
Théodore Rousseau, entre autres, et un superbe tableau de Corot, acheté
par Dupré sur ses économies, et dont il n'a jamais voulu se séparer, quoiqu'on lui en eût offert cinquante mille francs.

Mais Jules Dupré n'est pas seulement le dernier survivant du groupe
illustre, il en a été le précurseur. Le premier, il a marqué dans l'art

moderne le retour vers l'éternelle source de la nature; son admiration
pour les amis trépassés ne souffrirait pas qu'on l'appelât leur chef; ils
sont ses égaux devant la postérité, mais il leur a montré la route dans le
passé. Comment ce modeste apprenti porcelainier est-il parvenu au rang
d'un si grand maître, sans avoir jamais été l'élève de personne? Comment,
dans cette jeune cervelle d'un enfant de douze ans, l'ambition est-elle née
de ramener l'art du paysage aux magnificences des Claude Lorrain, des
Ruysdaël, des Hobbema, avant d'avoir entendu prononcer ces noms et
sans connaître une seule de leurs œuvres? C'est dans la contemplation
de la nature, dans son isolement au milieu d'elle, que l'esprit de cet
enfant s'est ouvert à ses beautés et que sa pensée s'est plongée dans ses
mystères. Aux heures libres, l'enfant s'en allait à travers champs avec
son carnet et son crayon; aucun maître ne s'interposa entre ce talent
naissant et sa création pour lui dicter des formules étroites; il devait
se développer librement au contact de la nature; ce qu'il ignorait, il ne
le demandait qu'à elle; ce qu'il apprenait, venait d'elle. A dix-huit ans,
le petit porcelainier était devenu un jeune maître; les études au crayon
que le grand artiste d'aujourd'hui conserve de sa première jeunesse
sont autant d'étonnements, car elles témoignent d'une singulière compréhension de la nature chez un si jeune homme. Entre temps, pour
augmenter ses ressources, il fait pour un ami de sa famille des tableaux
d'horloge, dans lesquels, mû par un ressort du mouvement, passe un
voilier sous le pont où l'on voit un ermite sonner la cloche d'heure en
heure. De ces humbles commencements sortit ce grand artiste, par la
seule influence de la nature.

L'art du paysage était alors perdu en France. On le méprisait comme
un genre subalterne, et ce préjugé, malgré la gloire si grande que l'École
française tire de ses illustres paysagistes de ce siècle, subsiste toujours
dans les régions de l'enseignement officiel, à ce point qu'aucun des glorieux paysagistes français ne s'est vu décerner la médaille d'honneur au
Salon; il est vrai qu'ils se la sont décernée eux-mêmes devant la postérité
par leur œuvre durable, fière et belle. Ce qui ajoutait encore à la décon-
sidération du paysage sous la Restauration, c'est qu'il était tombé dans
les mains des médiocres. Quand ces subalternes n'imitaient pas servile-
ment Le Poussin, qu'ils continuaient tranquillement, comme si ce peintre
n'avait pas dit le dernier mot de son art, ils composaient leurs tableaux
avec des fragments d'études, comme on fait un costume d'Arlequin avec
toutes sortes d'étoffes. En été, ils s'en allaient cueillir des motifs et,
l'hiver venu, ils accouplaient ces études pour en faire des tableaux pleins

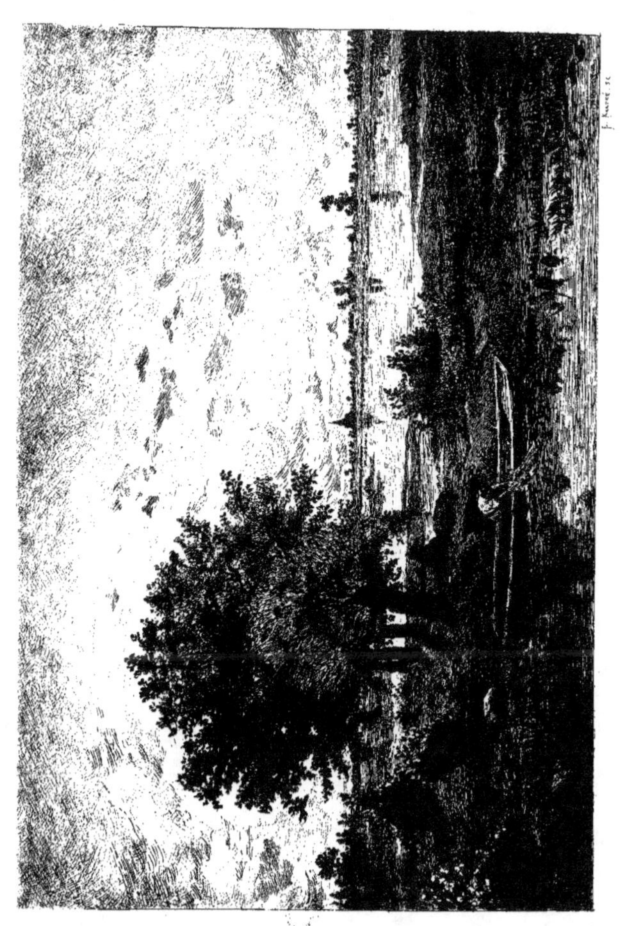

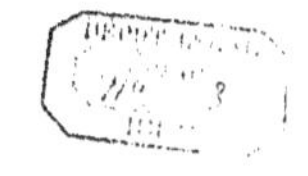

de cascades, de ponts cassés, de rochers, de troncs d'arbres brisés. Du haut en bas, le tableau était rempli de *motifs;* c'était comme une carte d'échantillons de tout ce qu'un paysagiste peut mettre sur une toile, mais où manquait l'émotion devant la nature, que les uns n'avaient pas subie et que les autres perdaient en route, dans le trajet entre la campagne où l'on cherchait l'étude et l'atelier où se faisait le tableau. Le jeune Jules Dupré se dit avec raison que du moment où le paysagiste

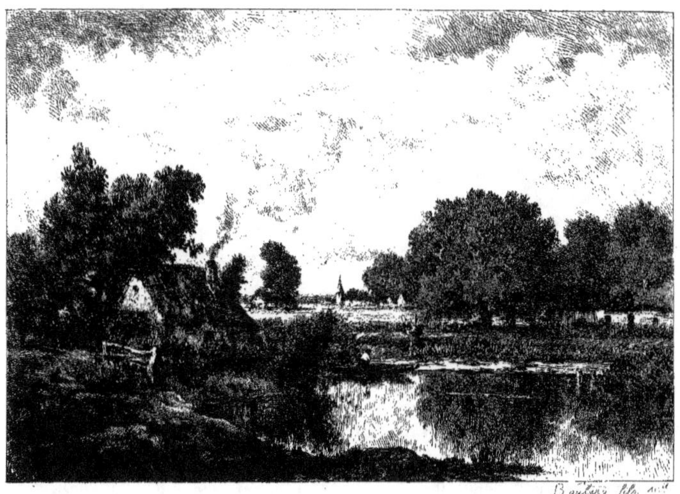

était plus près de la vérité en s'attelant à la besogne devant le paysage, il serait bon de peindre les tableaux directement d'après nature pour qu'ils conservassent le cachet d'émotion et de sincérité. Ce jour-là, Jules Dupré indiqua à l'École française la route à suivre; il fut le précurseur de l'art moderne comme il en est aujourd'hui le vétéran illustre et respecté.

Alors, au grand étonnement des artistes, on vit surgir les premières œuvres de Dupré, entièrement faites d'après nature; cet art-là ne parlait pas seulement aux yeux comme les toiles arrangées de l'époque, il parlait à l'âme; il apportait avec lui l'émotion subie par l'artiste, son recueillement devant les splendeurs de la création, avec sa façon personnelle de les sentir et de les exprimer. Les toiles les plus célèbres du grand artiste ont été de la sorte directement traduites sur la toile définitive : la forêt surgissait de la contemplation incessante de sa végétation, le pâturage conservait son humidité, le ciel sa limpidité ou le véritable mouvement des nuages. Ce fut la fin du vieil art démodé où l'artiste, entre les quatre murs de son atelier, n'avait plus de comparaison entre la nature et son œuvre, tandis que là, devant la réalité, l'esprit incessamment dirigé sur la source même de l'art, ne pouvait plus s'égarer dans les jongleries de la convention. *Le Pâturage sur la lisière d'une forêt,* qui reparut après quarante ans à l'Exposition des Cent Chefs-d'Œuvre, frais comme au premier jour, éclatant de lumière, avec ses eaux limpides et la forêt solidement plantée dans la terre, obtint un succès d'enthousiasme : les longues années avaient passé sur le chef-d'œuvre sans en entamer l'impression et la fraîcheur. On eût dit que cet art-là s'était depuis un demi-siècle renouvelé à chaque printemps comme la nature même.

En quelques mots je voudrais résumer, à propos du précurseur de l'art moderne du paysagiste, la tendance véritable de la nouvelle École; ce n'est pas le vulgaire réalisme qui la porte si haut, c'est l'alliance de la vérité et du sentiment, l'étroite union entre ce que l'œil contemple et ce que le cœur éprouve. L'âme du peintre vibre dans les pages avec d'autant plus de puissance qu'elle subit le choc direct de la nature. Un paysage ne laisse pas seulement dans notre souvenir une trace impérissable parce que nos yeux l'ont contemplé, mais par l'émotion qu'il nous a communiquée. Chacun de nos lecteurs en peut faire l'expérience sur sa propre mémoire. Que, dans sa pensée, il se transporte à l'époque où, pour la première fois, il a subi le charme d'un site, et tout aussitôt il éprouvera comme un renouveau des sensations qu'il a ressenties; le cœur a sa mémoire comme l'œil. Le réalisme dans l'art n'est donc pas seulement le rendu exact d'un paysage, mais ce don, réservé seulement aux intelligences hors ligne, de transmettre sur la toile les vibrations de l'âme devant la réalité des choses.

Jules Dupré, je le répète, fut le premier qui marqua le retour direct de l'art vers la réalité, et ce fut un succès de surprise quand ses premières œuvres, entièrement peintes d'après nature, parurent au Salon. Seulement le goût de la peinture n'était pas répandu alors comme de nos jours. Le commerce des tableaux n'existait pas; quelques marchands achetaient bien des toiles, mais c'était pour les louer au mois à de jeunes demoiselles qui les copiaient. En dehors du Gouvernement et des princes, il n'y avait pas une demi-douzaine de collectionneurs à Paris. Ce fut le duc de

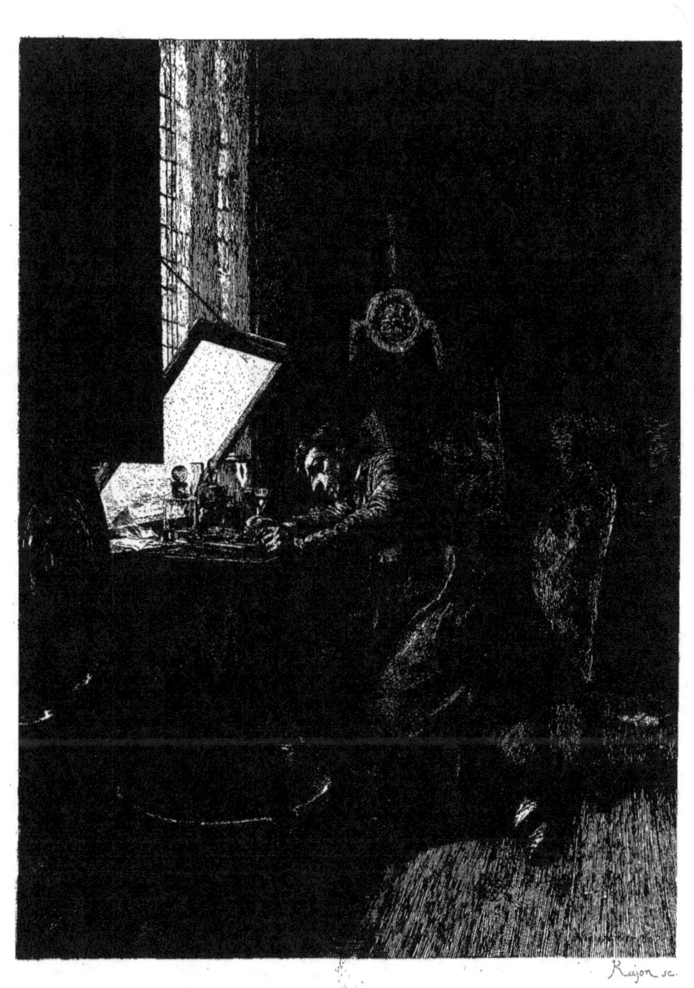
Rajon sc.

Nemours qui acheta le premier envoi au Salon de Jules Dupré. L'acquisition fit grand bruit; ce fils d'un roi paya l'œuvre douze cents francs; pour le jeune peintre, ce fut en quelque sorte la fortune en même temps que la consécration officielle de sa carrière. La révolution de Février envoya le duc en exil. La troisième République lui rendit la patrie. Parmi les premiers visiteurs qui vinrent présenter leurs respects au duc rentré en France, fut Jules Dupré. Le prince et l'artiste se contemplèrent pendant quelques instants pour mesurer, d'après leurs cheveux blancs et les rides de leur front, les longues années qui s'étaient écoulées depuis leur séparation.

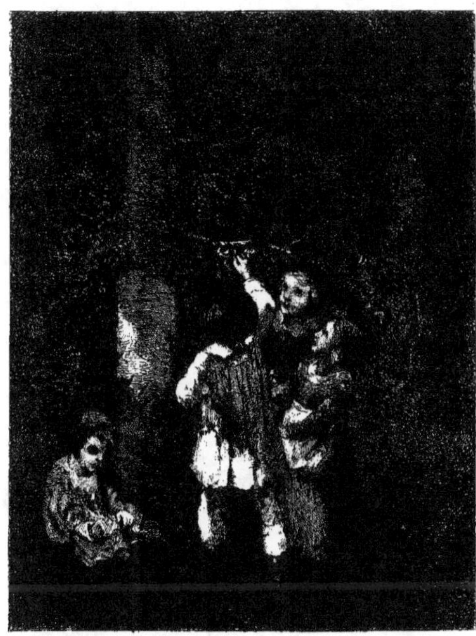

« Monseigneur, dit le peintre ému, je n'ai jamais oublié que le premier encouragement m'a été donné par Votre Altesse Royale.

— J'ai toujours votre tableau, répondit le prince, venez le voir. »

La toile se trouvait en effet dans le salon de la duchesse. Ici le duc de Nemours, prenant le bras de l'artiste, lui dit :

« Votre art, plus heureux que nous deux, n'a pas vieilli. »

Le duc avait dit vrai. C'est le propre des œuvres qui s'appuient directement sur la nature de survivre à la mode. La révolution de Février replongea l'artiste dans le néant au moment où l'avenir s'ouvrait souriant devant lui. Jules Dupré venait d'obtenir deux commandes importantes, l'une du Gouvernement, l'autre du duc d'Orléans, quand la révolution éclata. Les deux œuvres ébauchées sont encore dans l'atelier de l'artiste. Souvent on lui a offert, dans ces dernières années, des sommes énormes s'il consentait à les terminer, mais le vieux maître, toujours indompté, comme au temps de sa jeunesse, ne saurait rien faire sur commande.

Aujourd'hui, comme il y a quarante ans, il ne peint que ce qui est dans sa pensée. C'est toujours le fier artiste qui, étant entré en ménage avec quarante mille francs de dettes, repoussa l'offre d'un marchand qui, par traité, s'engageait à éteindre ce passé, pourvu que l'artiste se résignât à faire quelques concessions au goût du public. Jules Dupré demeura un instant hésitant; il semblait interroger du regard sa jeune femme qui, digne d'un si grand artiste, le comprit et lui dit :

« Refuse! nous paierons nos dettes lentement, avec le temps! »

Les dettes sont payées depuis longtemps; l'aisance a couronné la confiance de ce vaillant ménage; on a élevé les enfants et leur avenir est assuré. La vieillesse est douce à maître Jules Dupré, et personne n'a, plus que celui-ci, mérité la paix des vieux ans.

L'œuvre est considérable. Des pages, comme le *Pâturage,* sont nombreuses; les chefs-d'œuvre se comptent par douzaines. Le Luxembourg possède du peintre deux toiles admirables; on ne peut pas se figurer une collection digne de ce nom sans un tableau de Jules Dupré; les plus remarquables ont été vendus pour un morceau de pain. Le *Pâturage,* qui représente dix mois de travail devant la nature, fut payé deux mille francs. La *Vanne,* cette magnifique toile que possède M. Van Praet, ministre de la maison du Roi des Belges, trois mille. Mais que lui importait la somme? L'argent n'était pas un but, c'était un moyen d'aller travailler devant la nature. On empruntait aux usuriers pour fuir la ville.

Jules Dupré avait loué, moyennant quatre cents francs par an, un atelier dans l'abbaye de Saint-Pierre, en pleine forêt de Compiègne; il y a passé trois années de sa vie dans une vieille cellule de moine, les yeux sans cesse dirigés sur la forêt; il venait rarement à Paris, pour les affaires de ses amis plus que pour les siennes; c'est lui qui imposa Rousseau aux marchands; c'est encore lui qui colporta les œuvres dédaignées de Millet chez quelques amateurs de sa connaissance et qui devina et protégea Troyon; toujours il fuyait la grande ville; il rentrait dans la soli-

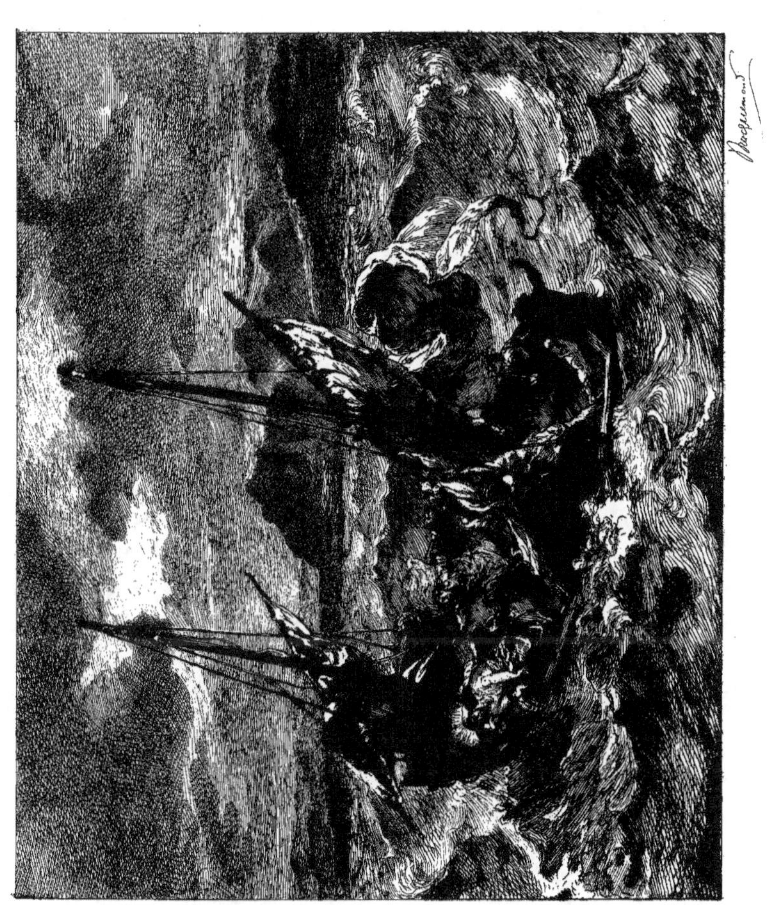

tude des champs qui était devenue pour lui une nécessité; la campagne
seule lui donnait la paix de la pensée. Il revenait sans cesse vers l'Isle-
Adam, le pays de sa première enfance, où il retrouvait les enthousiasmes de la jeunesse. Ces jolis bords de l'Oise ont de tout temps
attiré les peintres. Théodore Rousseau vécut longtemps à côté de
Dupré à l'Isle-Adam. Daubigny n'était pas loin, à Auvers. Corot ap-

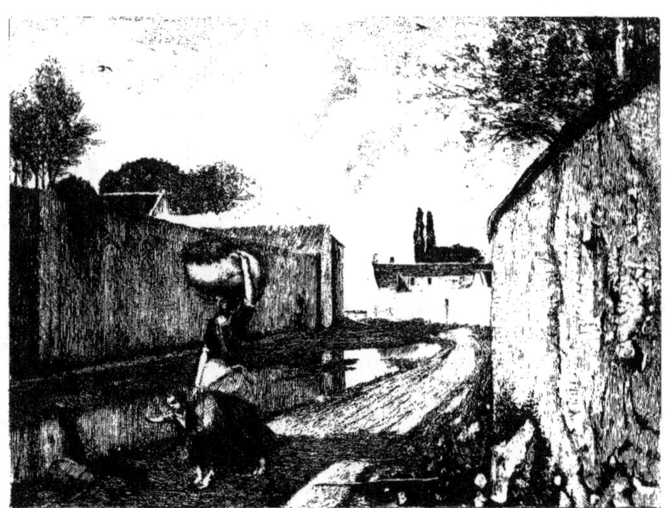

portait à tout instant son doux sourire et sa joyeuse chanson à Dupré,
qu'il appelait si justement le Beethoven du paysage. En effet, si les
toiles de Corot rappelaient les adagios de Mozart, les pages puissantes,
souvent terrifiantes de Dupré, produisaient l'effet des œuvres sym-
phoniques de l'immortel Beethoven; comme lui, le grand paysagiste
a inventé des sonorités nouvelles et bousculé les vieux moyens pour
arriver au maximum d'intensité dans son art. Les nuages balayés par
la tempête passent sur l'œuvre de Dupré avec la véhémence que
Beethoven mettait dans le déchaînement de son orchestre ; le
paysagiste a fait grand comme le musicien dans le même ordre

8

d'idées et avec la même impétuosité de la mise en œuvre. La marque caractéristique de l'œuvre de Dupré est la puissance parvenue à sa plus haute expression; aucun maître n'a mieux traduit que celui-ci les grondements de la nature, ses effets bouleversants devant lesquels on se recueille, humble et pensif, comme on se plonge dans une symphonie de Beethoven.

Soixante années de labeur n'ont pas entamé ce grand artiste. A travers les rudes débuts, qui, aujourd'hui encore, provoquent un sourire amer quand il pense aux cinquante francs péniblement arrachés au Destin en échange d'une toile dans laquelle le jeune peintre avait mis tout son art et toute son âme, les souvenirs du labeur accompli éclairent cette belle tête d'artiste, anguleuse, énergique, à laquelle la barbe blanche et les longs cheveux flottant au vent, donnent un faux air d'apôtre. Toujours jeune d'esprit, il assiste aujourd'hui à son apothéose à l'Isle-Adam, qui a vu ses premiers bégaiements d'artiste. Sur le tard, et pour se rapprocher de ses petits-enfants, Jules Dupré a voulu sacrifier sa tendresse pour les champs à son amour pour les siens ; il s'est installé comme les autres dans un petit hôtel de la rue Ampère ; mais le flot des visiteurs, des marchands et des amateurs, tout ce mouvement et ce bruit qui se font autour d'une grande renommée, obsédaient son esprit et paralysaient le libre cours de sa pensée. Paris le privait de son élément de vitalité, de la campagne dans laquelle il avait passé toute sa vie ; l'été, les longues promenades sous les bois, l'hiver, la tristesse du paysage dénué de verdure, couvert de neige, l'isolement toujours dans la méditation silencieuse, tout cela lui manquait à Paris ; tout cela, il voulait le retrouver dans la modeste maison de l'Isle-Adam, où, de son atelier, l'artiste peut, à toute heure de la journée, contempler la nature. Sa pensée a besoin d'espace et d'air ; le paysagiste ne peut pas vivre loin du paysage. Il lui faut à toute heure la nature, soit dans la solitude des champs, soit devant l'infini de l'Océan, pour lequel, sur le tard, il s'est épris d'une véritable passion artistique. En effet, au moment où d'autres peintres, fatigués du labeur consommé, ne songent plus qu'au repos, une évolution nouvelle se devait faire chez Jules Dupré. Il avait l'habitude de passer quelques semaines de l'été à Cayeux-sur-Mer, contemplant l'Océan de sa fenêtre. Un matin il s'éveilla et, frappé des mystères de la mer enveloppée dans le ciel profond étendu sur elle, le peintre se dit :

« Avoir cela sous les yeux et ne pas le peindre, c'est bête ! »

De ce jour, date la transformation de Jules Dupré en peintre de marines, et il apporta dans ce genre, nouveau pour lui, une interprétation

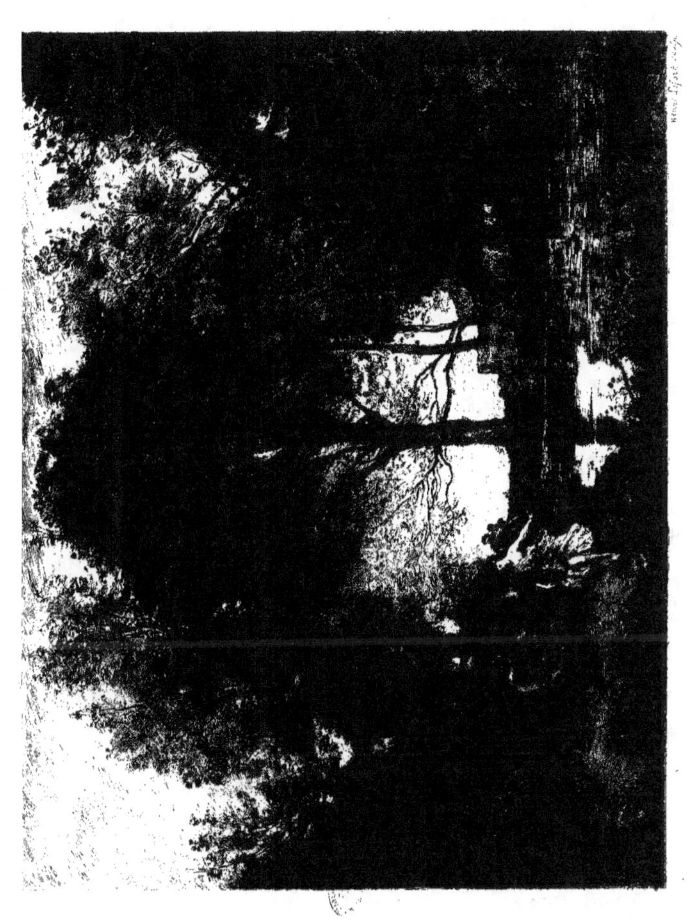

personnelle de la mer. On découvre, comme dans toute l'œuvre du maître, la pensée dominante qui le guide, et qui est ici de peindre les mystères de l'Océan, la mélancolie qui envahit l'esprit dans la contemplation de l'infini. Ces toiles maîtresses ne nous donnent pas seulement l'aspect de la mer, mais elles éveillent en nous les sensations qui nous saisissent quand, seul sur le galet, nous nous laissons aller au mystère qui est devant nous et qui nous remplit d'anxiété devant l'inconnu. Pour Jules Dupré et les hommes de son temps, la peinture est le trait d'union entre la pensée de l'artiste et l'âme du contemplateur de son œuvre. Jules Dupré est d'avis que l'être tout entier d'un peintre doit se refléter dans son art. Cela est si parfaitement vrai pour l'ermite de

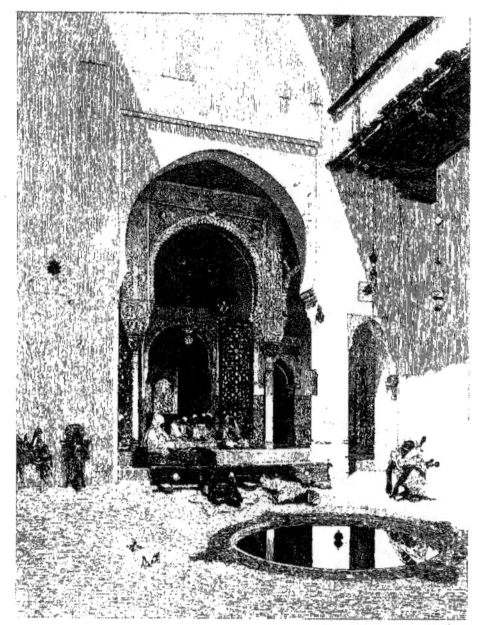

l'Isle-Adam, que, sans le connaître, on le devine dans ses tableaux : grave, réfléchi, avec une pointe de tristesse que lui ont laissée les années de combat. Tel est, en effet, ce rude qui, pour être âgé de soixante-douze ans, n'est point encore un vieillard; il marche droit, la main ne tremble pas, et l'œil bleu et doux dans cette tête pleine d'énergie trahit les attendrissements d'une âme d'élite devant la nature, à travers les orages qu'elle déchaîne dans sa pensée.

Si jamais on a pu dire d'un grand artiste qu'il est le fils de ses œuvres, c'est bien de celui-là. Son art est sorti de ses entrailles ; l'apprenti porcelainier d'il y a soixante ans a également fait son instruction littéraire, négligée dans les besoins des premières années ; les œuvres des grands écrivains lui sont familières, comme si toute sa vie s'était écoulée à les analyser ; il cite volontiers, dans la conversation, des axiomes de l'un ou de l'autre, d'où il a tiré des principes pour son art à lui ; il vous frappe par la justesse de ses observations et vous charme par sa foi artistique, si vivace chez le vieil artiste. A un amateur qui le pressait de finir son tableau en quelques heures, avec la sûreté de l'œil et de la main qui sont propres au peintre, Jules Dupré répondit un jour devant moi :

« Vous croyez donc que je sais mon métier? Mais, malheureux, si je n'avais plus rien à découvrir et à apprendre, je ne pourrais plus peindre. »

Toute sa vie de recherches et d'études est dans ces mots. En effet, le jour où le doute de soi-même disparaît de la pensée d'un artiste, le jour où il n'éprouve plus devant son œuvre les angoisses qui enfièvrent les cervelles, ce jour-là, il n'est plus qu'un artisan qui reprend au lendemain le labeur de la veille méthodiquement, sans défaillance, mais aussi sans élévation. Le jour où Jules Dupré entrerait dans son atelier sans une émotion, et où il le quitterait sans un découragement, il jugerait qu'il serait arrivé au terme de sa carrière, et il aurait raison.

IV

ntre les grands artistes, dits de 1830, nous l'avons déjà dit, régnait une profonde fraternité d'âme, basée sur la haute estime que chacun avait pour le génie des autres. Mais tous considéraient Eugène Delacroix comme le plus glorieux d'entre eux ; tous avaient pour lui une admiration sans bornes. Il était en quelque sorte le porte-drapeau de la grande phalange ; on se groupait autour de son art comme autour d'un étendard sacré. Cet hommage rendu d'un commun accord au génie de Delacroix, reposait sur les purs enthousiasmes artistiques et non sur la camaraderie, car l'individualité étrange, encore en quelque sorte mystérieuse à

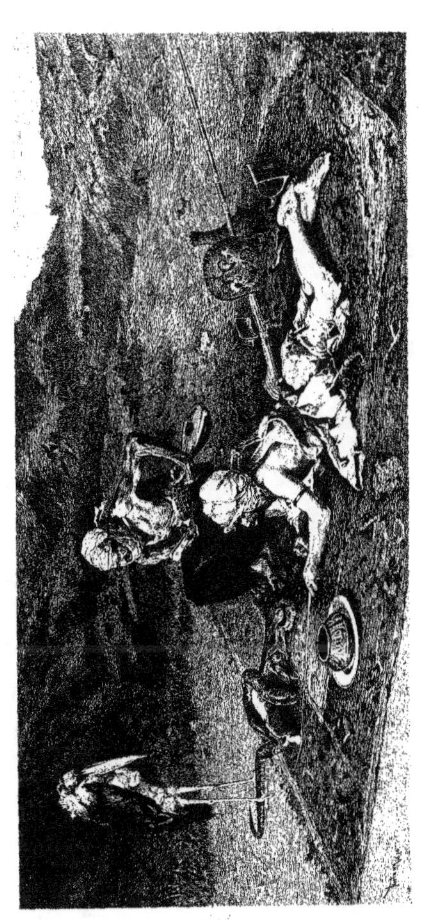

l'artiste, échappait aux relations cordiales de chaque jour; il s'isolait loin des autres : sa vie privée était rigoureusement fermée, sa demeure inaccessible. Delacroix avait sur sa santé les plus noires appréhensions, et toute heure comptait double dans ses préoccupations; il se retranchait donc dans la solitude pour ne pas perdre un instant, ne recevant que quelques rares amis et ne se répandant que peu dans le monde. Tel qu'il fut à ses débuts, nous le retrouvons à la fin de sa glorieuse carrière; sa vie peut se résumer en ce seul mot : Travail.

Pour traverser ainsi son temps sans souci du dehors, Eugène Dela-

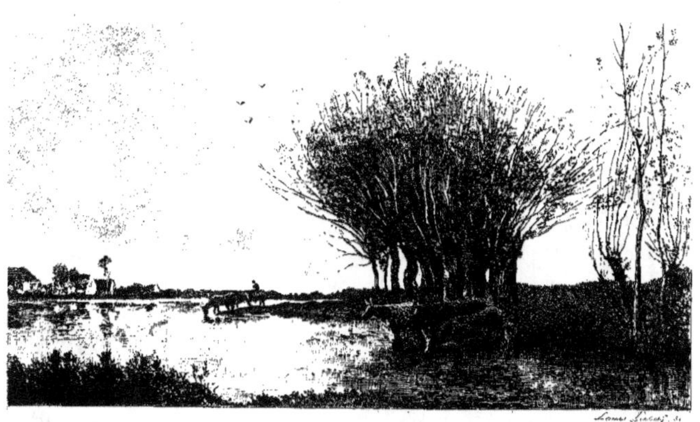

croix avait un auxiliaire puissant : son père, qui a tenu une grande place dans l'administration et la diplomatie, lui laissa un patrimoine : une quinzaine de mille francs de rente, qui représentaient réellement une grande fortune dans la première moitié de ce siècle. Avec cela, aucun goût de luxe, une existence modeste, tout entière consacrée à l'art, aucun désir d'éblouir ses contemporains. Ne rêvant que l'indépendance, n'ayant pas besoin de gagner de l'argent et ne le désirant pas, Eugène Delacroix pouvait donc marcher de l'avant sans une hésitation et sans une concession. On ne lui connaît pas de maître, car il ne faut pas compter le court stage qu'il fit dans l'atelier de Guérin, qui d'ailleurs ne cachait pas son profond mépris pour cet élève récalcitrant. C'est dans la contemplation des chefs-d'œuvre du Louvre que son génie se développa; dans le présent,

9

toute son admiration se concentrait sur Géricault, qui prévoyait les hautes destinées de son jeune ami et avait pour lui une véritable tendresse. Entre le grand dramaturge du *Radeau de la Méduse* et le futur auteur de *la Barque du Dante*, l'entente était facile à établir; tous deux avaient le même idéal : le drame vibrant. L'admiration d'Eugène Delacroix pour Géricault fut sans bornes, si bien qu'un jour où le maître avait demandé à son jeune ami une de ses esquisses, celui-ci, dans le débordement de sa joie et de sa fierté, mit genou en terre pour la lui offrir, comme fait un mortel devant son Dieu. Géricault le releva, l'embrassa tendrement et lui dit : « Tu seras un maître. » Quand, en 1822, Eugène Delacroix exposa sa première œuvre, M. Thiers, alors critique d'art au *Constitutionnel,* le salua avec transport.

Ce jeune homme de vingt-trois ans était réellement le maître deviné par Géricault.

Cet enthousiasme de M. Thiers pour le plus vaste génie de la peinture française ne s'est jamais démenti. Le critique d'art avait pris l'artiste à ses débuts; plus on attaquait Delacroix, plus M. Thiers l'exaltait; lentement il l'imposa par sa plume, comme plus tard, quand il fut devenu homme d'État, M. Thiers soutint son peintre de prédilection à travers les criailleries, en lui faisant donner les grands travaux décoratifs du Louvre et de la Chambre. On ne peut pas résumer la vie glorieuse d'Eugène Delacroix sans rendre d'abord hommage à la clairvoyance du critique d'art et à la passion qu'il mit ensuite à défendre l'œuvre bafouée contre les aveugles et les sourds de l'époque.

La note dominante de l'art de Delacroix est le drame : on peut dire de lui qu'il est le Shakespeare de la peinture; il a du grand écrivain la conception majestueuse, l'art de peindre un caractère en quelques traits, la couleur puissante. Ce qui le préoccupe, c'est le drame de toutes les époques, de toutes les littératures et de tous les milieux. *La Barque du Dante* n'est que le premier pas auquel succèdent les innombrables chefs-d'œuvre : *Les Massacres de Scio, le Tasse chez les fous, l'Assassinat de l'évêque de Liège, l'Amende honorable, la Lutte de Jacob avec l'Ange, la Barque du Christ, Hamlet et le Fossoyeur, les Côtes du Maroc, la Barricade, la Mort de Sardanapale;* peu lui importe le sujet : qu'il l'emprunte à l'histoire profane ou religieuse, à l'anecdote historique ou à la vie des fauves, c'est le drame et toujours le drame qui vibre dans ces pages magnifiques, qui passionne et bouleverse le contemplateur de son œuvre, le drame où l'on sent l'âme du grand maître, et qui, par cela même, fait tressaillir les âmes. Delacroix ne charme pas, il bouleverse; il terrasse par la grandeur de la mise en scène, l'énergie de

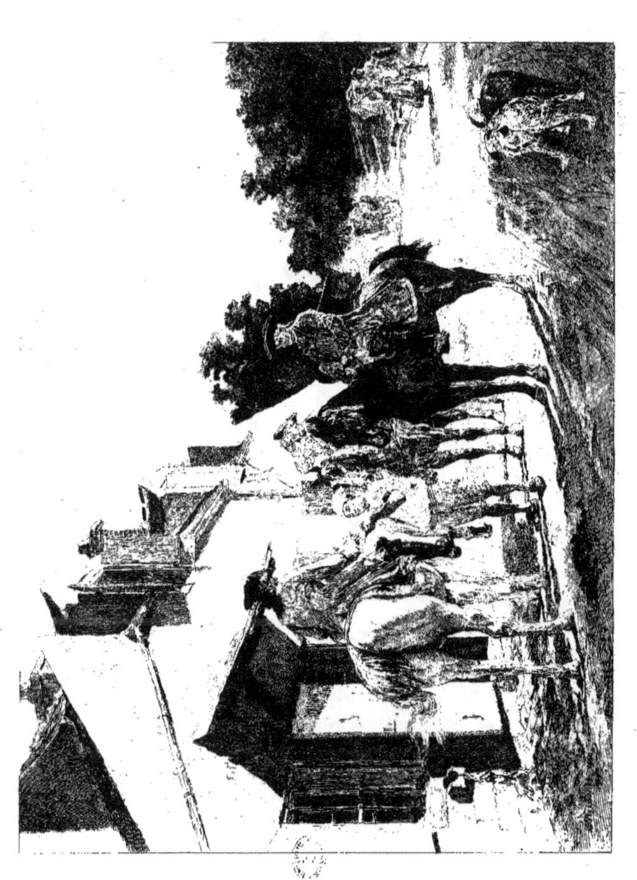

l'exécution et la magie de la couleur. Le génie, chez Eugène Delacroix,
n'avait pas attendu les années; il éclata du premier coup, puissant et pour
ainsi dire dans sa plus haute expression. L'œuvre du début ne marque
pas seulement le point de départ, elle indique la vie tout entière; elle est

comme un mani-
feste, comme le
programme ja-
mais démenti d'un
long et glorieux
règne artistique.
En effet, quelles
que soient les œu-
vres à venir, on en
trouve le germe
intellectuel dans
la première toile;
ce qui préoccupe
Delacroix, ce qui
le passionne, c'est
le drame. Le sujet
est peu de chose
pour ce grand
maître; il n'est
qu'un prétexte;
l'impression dra-
matique qui s'en
dégage est tout.
Quand Delacroix
peint le magni-
fique *Christ en
croix,* qui apparut
comme un des
plus grands chefs-

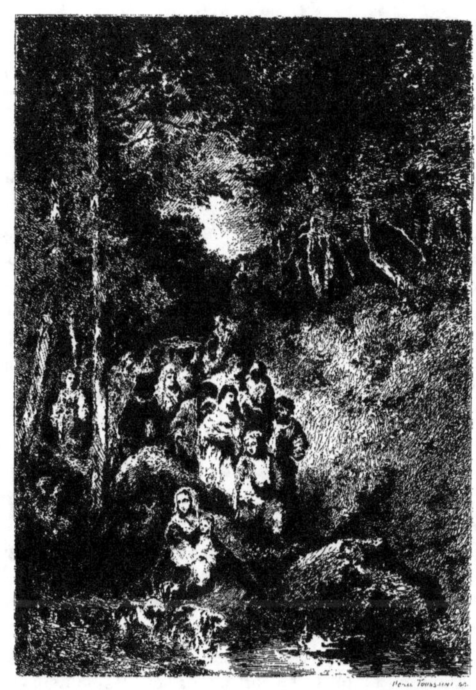

d'œuvre à cette exposition où l'on en comptait tant, c'est le drame suprême qui l'inspire; ce qu'il veut rendre, c'est le grand crime de la cru-
cification et non le crucifié lui-même. Son fils de Dieu n'est pas le tra-
ditionnel Christ, correctement cloué sur la croix, c'est le martyr qui a
souffert et qui, à travers la solitude terrible, témoin de son abandon,
apparaît comme une protestation contre la persécution religieuse. Peu

lui importe de peindre correctement une étude d'après nature selon la formule routinière; ce qu'il veut rendre, c'est le grand drame, l'impression morale et concluante; son Christ a vécu, ses chairs ont palpité, son cœur a saigné réellement; il est l'incarnation du martyr, le crime consommé au milieu de la nature indifférente. Ni lamentations, ni larmes pour communiquer l'émotion; elle se dégage tout naturellement de cette seule figure; elle suffit pour peindre l'horreur de la scène et pour remplir l'âme de respect et d'une profonde commisération. Ceci, c'est l'œuvre d'art dans sa plus haute expression, d'une impression terrifiante dans sa simplicité. Et c'est ainsi qu'on retrouve l'artiste dans toute son œuvre. Le tigre qui, hurlant, se roule à terre dans un paysage du plus grandiose aspect, est comme l'incarnation du drame de la force bestiale, semant la terreur autour d'elle. Le dramaturge est inséparable de son génie sous quelque forme qu'il se manifeste. Le premier, il va au Maroc, et dans ce pays ensoleillé c'est encore le drame qui l'inspire dans les *Convulsionnaires de Tanger,* dans le *Giaour,* dans la *Chasse aux Lions,* dans le *Cavalier* qui, penché sur son cheval, le burnous flottant au vent, traverse le désert comme une vision de la destruction. Eugène Delacroix avait pris des mains glacées de Géricault l'étendard de la révolte, que ce grand génie avait levé contre l'art froid et correct issu de la science, sans un tressaillement de l'âme, et à travers les batailles il le porta haut et fier jusqu'à la fin, pour la gloire de la peinture française de ce siècle. Il devint le chef de la nouvelle école, dite romantique, dont Victor Hugo fut l'apôtre en littérature. Comme le grand poète, l'illustre peintre fut attaqué, vilipendé, sifflé! Son art triompha, comme celui de Hugo, de toutes ces oppositions; il s'imposa lentement, à travers les multiples combats. Il est la fierté de la peinture comme l'œuvre de Hugo est la gloire rayonnante des lettres françaises de ce siècle.

Les soi-disant classiques, hommes de science d'une rare perfection, ne comprenaient rien à cet art, sorti des entrailles de l'artiste, dans la passion qui tantôt le faisait bondir vers les hauteurs les plus sereines et tantôt, dans les exagérations, le clouait au sol; car ses œuvres ont des défaillances, je l'accorde, parce qu'elles sont humaines, parce qu'elles ne sont pas nées des froides combinaisons de l'esprit, et parce que les tourments de l'artiste à la poursuite de l'idéal s'y font jour. Le but que poursuivait Delacroix, c'était d'imposer l'impression tragique qu'il recherchait et qu'il atteignait toujours. On peut le critiquer sur plus d'un point, mais non sans avoir préalablement subi le choc de ce génie puissant, dont le plus récalcitrant ne peut se défendre.

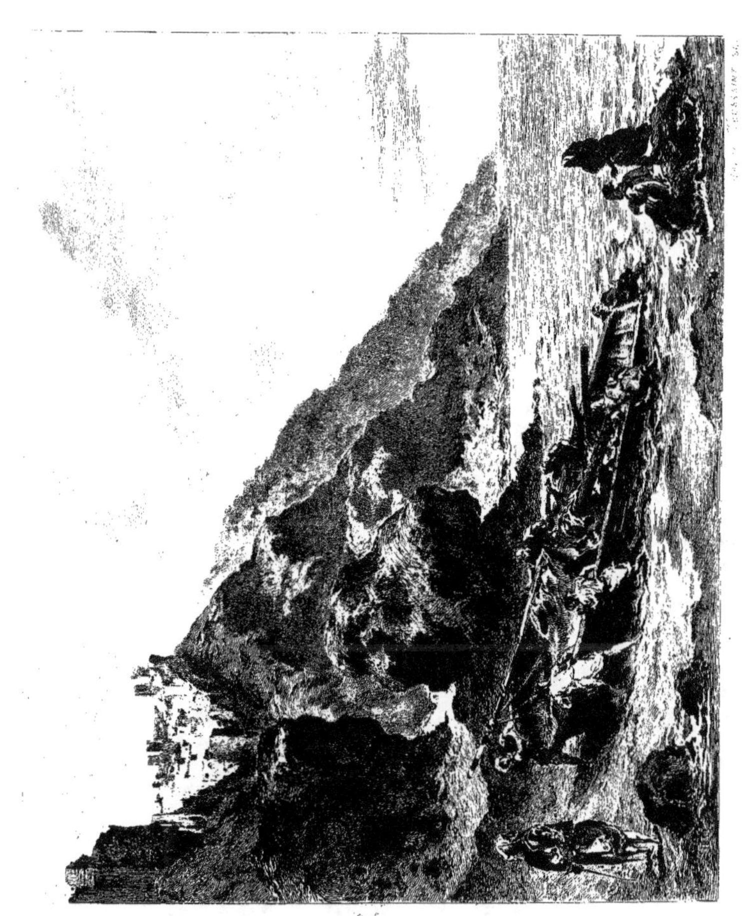

Ici, on perdrait son temps à vouloir deviner l'homme dans son
œuvre. Cet indomptable révolutionnaire était dans la vie privée un cavalier froidement correct, d'une rare distinction. Quand il paraissait dans
un salon du faubourg Saint-Germain, où il entretenait des relations

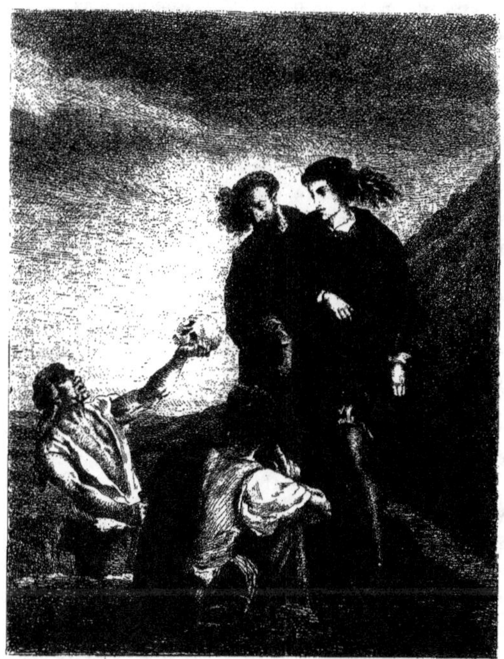

suivies, on était tout surpris de voir que cet émeutier, comme on l'appelait à l'Académie, était un cavalier de la plus complète élégance,
ressemblant bien plus à un diplomate qu'à un peintre qui bouleversait
son époque. De haute taille, malgré son air maladif, Delacroix séduisait chacun par la grâce de sa personne et par les éminentes qualités
de son esprit, dont témoigne sa correspondance. Très réservé, presque

timide, il causait peu, mais jamais une banalité ne sortait de ses lèvres;
le regard, d'une rare intensité dans cette tête illuminée par la plus noble
énergie, dépouillait l'interlocuteur jusque dans les moelles. Quand on lui
parlait des attaques passionnées contre son œuvre, il arrêtait les flatteurs
par un sourire glacialement poli et peu encourageant. Au fond, il souffrait
beaucoup de se voir méconnu, mais il était trop fier pour le laisser voir;
il ne faisait point étalage de son amertume. Nul ne l'a jamais entendu se
plaindre de qui ou de quoi que ce fût.

Dans son modeste atelier, les chefs-d'œuvre incompris s'entassaient
sans que le grand artiste en éprouvât un mécontentement. Delacroix était
une de ces âmes trempées qui cherchent leur satisfaction dans les intimités
du travail, avec un entier mépris des adulations ou des dénigrements. Il
s'était arrangé la vie à sa façon et surtout de telle sorte que rien ne devait
le détourner de son art; en dehors de quelques rares intimes, auxquels
se joignirent plus tard les princes d'Orléans, nul ne pénétrait dans sa vie;
la femme même, si elle l'a traversée, ne devait pas y laisser de trace;
aucune ne pouvait se vanter d'avoir distrait ce grand artiste de son art; personne n'eut jamais le moindre empire sur lui; les flatteries des hommes,
les câlineries de la femme, restaient également sans effet sur cette volonté
de fer, qui ne voulait pas se laisser entamer. C'est pour cela que Delacroix
a pu laisser cette œuvre volumineuse. On se tromperait fort en jugeant
que ces chefs-d'œuvre, en apparence d'une exécution si libre, sont venus
sans un effort; ils sont au contraire le résultat d'un labeur pénible, d'hésitations sans fin, et si la peine de l'artiste n'y paraît pas, elle n'en a pas
moins été formidable et souvent fort douloureuse.

Devant cette œuvre admirable, la routine persécutrice devait désar-
mer à la fin. La gloire de Delacroix ne cessa de grandir au milieu des
tumultes que son art provoqua. L'Institut, qui l'avait bafoué, comprit
qu'il fallait transiger avec le maître qui le dédaignait. Et voici l'émeutier, le révolté, l'insurgé, qui va entrer à l'Académie. Quelles révoltes!
Et quelles terreurs! *Annibal ad portas!* Delacroix entreprit le siège de
l'Académie et alla s'asseoir, le sourire aux lèvres, parmi ses pires
ennemis.

Son entrée à l'Institut fut la plus grande satisfaction de la vie de
Delacroix. Lui, le révolutionnaire si longtemps bafoué, allait donc recevoir cette consécration de son influence toujours grandissante, de la
part de ceux-là mêmes qui n'avaient cessé de le combattre, sans cacher
le profond mépris que leur inspirait ce grand artiste indompté, ce rebelle
à tout art contraint et officiel, cet insurgé contre la routine, qui avait

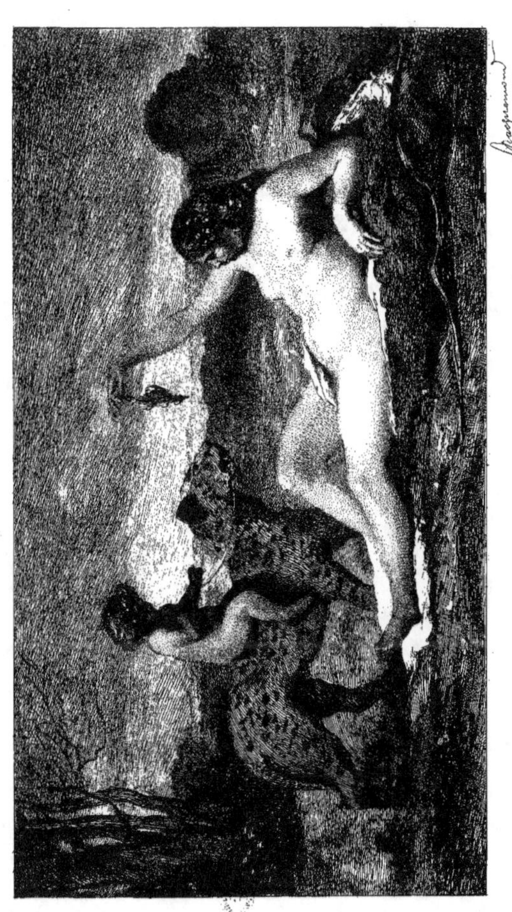

vécu jusqu'alors dans son isolement. Ce ne fut pas sans peine, et cette
entrée du plus grand peintre de ce siècle à l'Académie se poursuivit
pendant de longues années avant d'aboutir. M. Robert-Fleury fut le
principal agent des négociations diplomatiques. Tout membre de l'Institut
qu'il fût, il rendait justice à Delacroix et il jugeait avec un grand bon
sens que l'élection du grand artiste serait un acte par lequel l'Institut
s'honorerait. Il fallait gagner les uns après les autres pour que Delacroix,

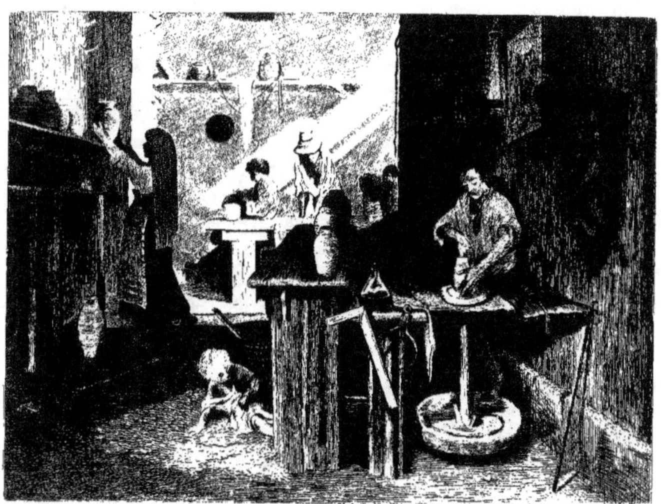

le pur génie, pût prendre à l'Institut la place laissée vacante par la mort
de Paul Delaroche, dont les triomphes sont déjà oubliés et que la postérité, du premier rang qu'il occupait, a déjà refoulé au troisième plan.
Eugène Delacroix, barricadé dans sa fierté, ne consentit à aucune
démarche personnelle; mais avec son tact si sûr, son esprit si fin, par
sa grâce innée, il conquit un à un les hommes de l'Institut, quand par
hasard il se rencontrait avec eux dans les salons. Au fond, ils n'avaient pas
désarmé, et leur haine de ce révolutionnaire était demeurée la même;
mais Delacroix avait à ce point grandi, sa gloire battait si bien en brèche

les vieilles murailles de l'Institut, qu'il fallut à la fin capituler avec l'assiégeant.

Eugène Delacroix reçut la nouvelle de sa nomination avec une joie qu'il n'essayait même pas de cacher. Lui, si réservé, si fermé, se laissa aller au débordement de son triomphe. Non qu'il attachât une importance démesurée au frac brodé de palmes et à l'épée à poignée de nacre, mais parce que son art, si longtemps dédaigné, avait forcé la citadelle, réputée imprenable. Une fois dans la place, il séduisit les plus récalcitrants par son esprit et sa haute distinction. On répète, toutes les fois que l'occasion se présente, que Delacroix avait manifesté plusieurs fois le regret de ne pas avoir traversé l'École de Rome, d'où étaient sortis la plupart des membres de l'Institut. C'était là une simple politesse d'un vaste génie, pas autre chose; la consolation qu'un homme de bonne éducation offrit à l'Institut comme on dépose sa carte dans une maison où l'on a été accueilli. Ce qui est certain, c'est qu'au fond Delacroix ne regrettait rien; et son art, qui demeura indépendant, jusqu'à sa fin, des influences de l'Institut, est là pour le prouver. Il était flatté d'avoir forcé les portes de l'Académie, il se montrait ravi d'avoir donné raison à ses défenseurs de la première heure. Il voyait en cet hommage rendu à son génie, non son propre triomphe, mais celui d'un art pour lequel il n'avait cessé de combattre, et auquel son autorité donnait enfin droit de cité dans les régions officielles et dirigeantes. Mais, pour si peu, il ne fit aucune concession et resta debout avec son indomptable fierté jusqu'à la dernière heure.

Ainsi qu'il avait traversé la vie, Eugène Delacroix devait mourir sans une défaillance d'esprit. Cet artiste souffreteux qui faisait ses journées doubles, de peur de n'être plus vivant le lendemain, ce malade encore plus imaginaire que réel, ce génie sensitif qu'un souffle semblait pouvoir renverser, mourut en 1863, à l'âge de soixante-quatre ans, après avoir, pendant un demi-siècle à peu près, résisté à un travail excessif de chaque jour, de toute heure. Ces cinquante années de labeur, Delacroix les a traversées sans prendre un moment de repos. Quand il quittait Paris, c'était pour travailler à sa maison de campagne de Champrosay qui, de même que l'atelier de Paris, était fermée aux importuns. Il avait le mépris du commerce et il paraissait craindre les excès du bien-être comme un dissolvant pour l'artiste; autrement, on ne saurait s'expliquer ce parti pris de simplicité dont il s'entourait.

La mort de Delacroix est, elle aussi, un drame imposant; il avait vécu seul, il voulait mourir en paix. Quand il sentit le dénouement suprême

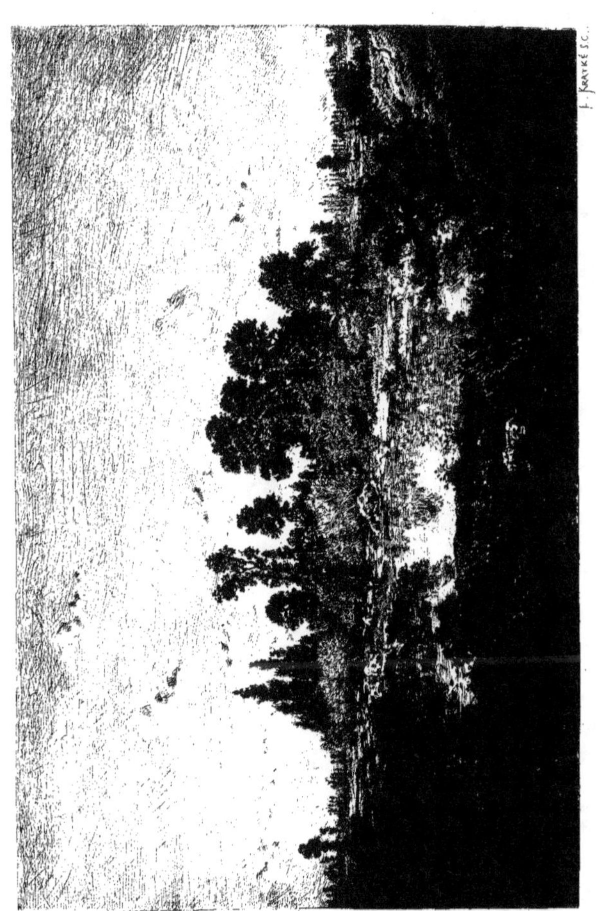
F. Jratké sc.

s'approcher, il s'enferma chez lui, défendit à sa fidèle gouvernante de recevoir qui que ce fût, manda un notaire et lui dicta ses dernières volontés avec un calme admirable et une lucidité d'esprit qui ne le quittèrent qu'avec le dernier râle ; puis, d'un pied ferme, il attendit la mort sans un tressaillement, sans une plainte, sans un regret. Il mourut comme il avait vécu, concentré sur lui-même, sans forfanterie comme sans faiblesse ; ni doléances, ni bravades devant cette mort qui s'avançait ; il s'éteignit dans un dernier sourire, comme un homme qui a bien employé sa vie et qui est convaincu que son nom appartiendra à la Postérité.

V

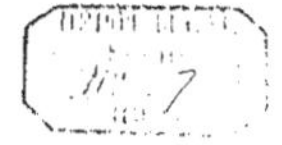

Diaz était déjà vieux quand on me fit l'honneur de me présenter à lui ; au cours de notre premier entretien, je lui racontai que je possédais de lui un petit panneau de quinze centimètres, un pur bijou : un enfant couché dans un berceau, près duquel la mère faisait bonne garde ; à travers la fenêtre ouverte, le soleil s'infiltrait dans le modeste intérieur, noyé dans les réverbérations d'une buée d'or. L'artiste me demanda la permission de venir chez moi voir ce tableau auquel, disait-il, se rattachaient pour lui bien des souvenirs. Le lendemain, il vint et demeura pendant quelques instants pensif devant son œuvre ; il la contempla amoureusement et il me sembla que, du revers de la main, il essuyait une larme. L'homme était rude d'aspect et cet attendrissement soudain pouvait surprendre chez lui.

« Auriez-vous la bonté, me dit-il, de me vendre ce tableautin dans lequel tient une partie de ma jeunesse ?

— Je ne veux pas vous le vendre, lui dis-je, mais puisque vous y tenez, souffrez que je vous l'offre. »

Diaz se récria ; il ne pouvait pas accepter le cadeau, et comme je refusais de recevoir son argent, nous convînmes qu'il remplacerait le tableau par un autre ; il décrocha aussitôt ce petit bijou du mur et me demanda à l'emporter sur l'heure. Sur son visage, à présent épanoui, on pouvait lire sa joie :

« Vous ne vous figurez pas, dit-il, le plaisir que vous me faites. Cette
femme et cet enfant sont ma famille ; le bambin était dans son berceau par
une journée radieuse d'été : ma femme s'était endormie auprès de lui. En
une heure je fis le tableautin d'après nature ; suspendu au-dessus de mon
lit, il a égayé mon réveil pendant des années : puis un jour vint où nous
manquions du nécessaire plus que d'habitude ; un marchand passa, il
m'offrit cent cinquante francs : je lui répondis que je tenais beaucoup à
cette esquisse et que je préférais lui voir choisir deux autres toiles pour

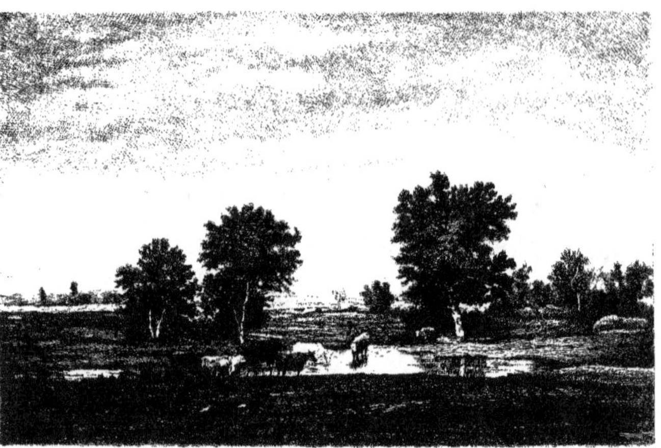

le même prix ; il insista pour avoir précisément celle-ci ; c'était, par-dessus
le marché, la veille du terme : impossible de faire le fier ; il me donna un
billet de cent francs et dix pièces de cent sous ; je lui fis un reçu et il ne
s'aperçut pas qu'il emportait un morceau de mon cœur. Ah ! c'était dur ! »

Et, rendu éloquent par le souvenir, Diaz me conta ces terribles heures
du commencement, la lutte constante pour le pain quotidien, accompagnant son récit de coups de sa jambe de bois sur le parquet et gesticulant
comme un méridional qu'il était ; il avait l'air d'un vieux militaire qui raconte
les terribles incidents des batailles. Diaz était de grande taille. La tête
n'était pas belle, mais remarquablement énergique ; malgré l'âge de l'artiste, sa chevelure était demeurée d'un noir éclatant ; l'épaisse moustache

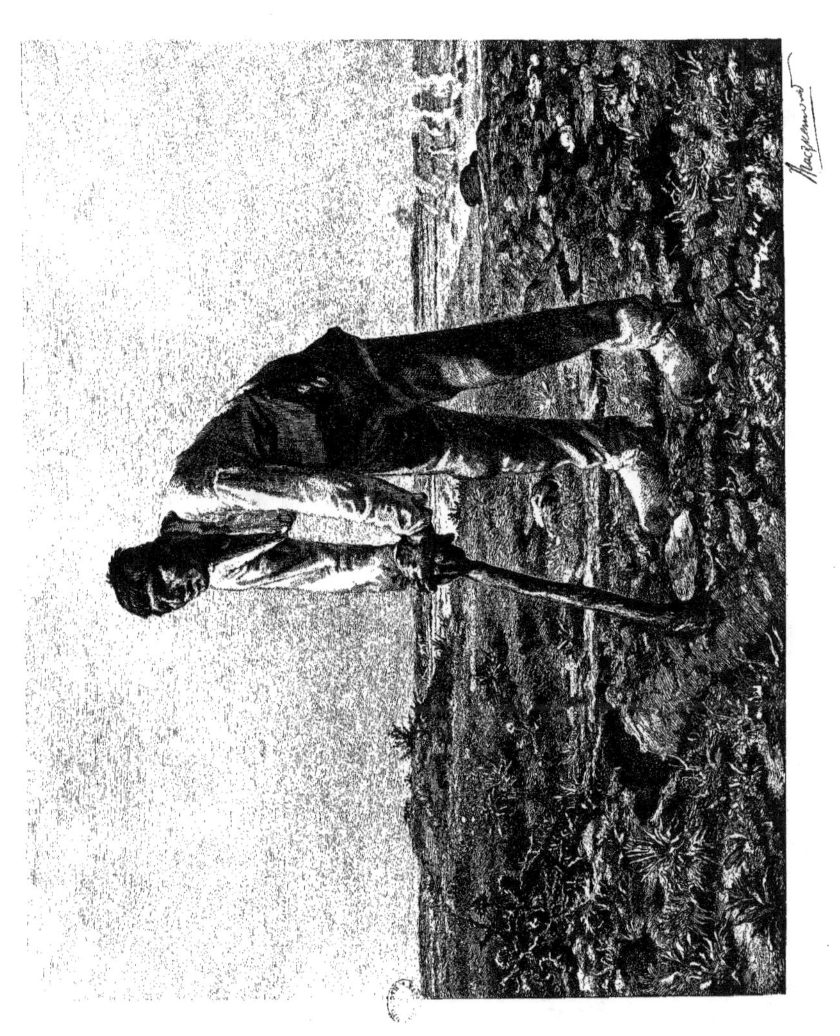

et la barbiche achevaient de lui donner une allure martiale ; il parlait par
saccades et d'une voix forte qu'on eût dit habituée au commandement. Au
demeurant, ce qu'on appelle une bonne pâte d'homme, très franc dans
ses confessions,
très ouvert dans
ses confidences ;
à travers les ru-
desses de son lan-
gage, on sentait
vibrer une âme
d'élite. Il enve-
loppa son trésor
dans un journal et
s'en alla d'un pas
alerte en sifflant
un air joyeux.
Rentré chez lui, il
accrocha comme
jadis, au-dessus
de son lit, ce sou-
venir de famille :
il semblait lui en-
voyer chaque ma-
tin comme un
rayon de jeu-
nesse.

L'excellent
homme conserva
jusqu'à la fin un
tendre souvenir
de ce premier in-
cident de nos re-
lations. Si je puis

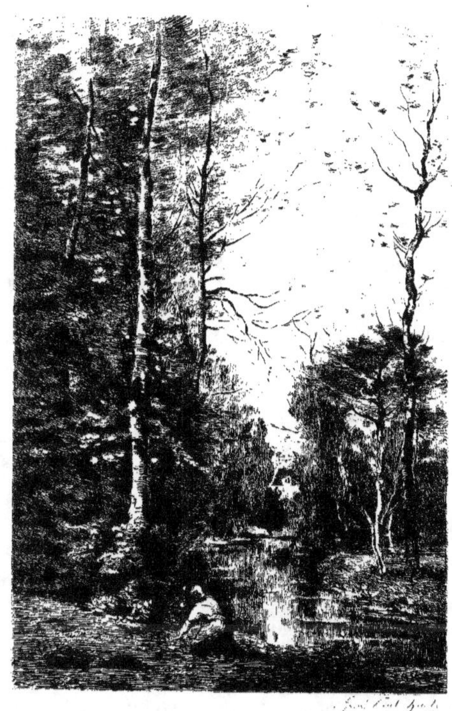

dire que je vénérais le vieux et vaillant artiste, il m'est permis d'ajouter
qu'il fut pour moi un ami véritable. Que de longues heures passées ensemble, dans son atelier, dans de douces causeries sur les hommes de
son temps ! Il fut l'un de ceux qui rendirent célèbre le village de Barbizon,
dans la forêt de Fontainebleau ; il y avait vécu avec Théodore Rousseau
et Millet, avec Rousseau surtout, qu'il considérait comme le Maître : dans

sa collection privée, il possédait de lui deux ravissants petits tableaux, et quand on lui parlait de son art à lui, Diaz vous conduisait devant les œuvres de son grand ami, en disant : « Ça, c'est du nanan. » Chez tous les grands artistes de cette génération on retrouve ainsi l'estime que mutuellement ils avaient pour leur talent.

Dans le groupe des peintres hors ligne, Diaz de la Pena est le grand fantaisiste. Tout lui est prétexte pour faire valoir ses merveilleuses aptitudes de coloriste ; il n'a ni la science de Rousseau, ni la poésie de Corot, et encore moins les grandeurs sévères de Dupré ; il traduit les enchantements du paysage, inondé par le soleil, ou la forêt, plongée dans la demi-teinte lumineuse par les rayons qui s'y infiltrent à travers l'épais feuillage ; il éblouit l'œil par toutes les séductions d'un grand coloriste, et, par ces qualités qui s'imposent même au profane, il est plus près de lui que les autres paysagistes de son temps ; c'est le grand virtuose de la palette qui se joue des difficultés ; tout est chez lui de premier jet : son œuvre est faite de verve sous le coup des enchantements du coloris. On se le figure dans la solitude de la forêt de Fontainebleau, faisant résonner sa jambe de bois sur la terre, chantant à pleins poumons dans l'expansion de son tempérament exubérant. Les paysans devant lesquels Millet s'arrêtait attendri le laissaient froid. Il jette les paysannes comme une petite tache rouge près de la mare où le soleil se reflète. Dans ses paysages ensoleillés, Diaz mettait des personnages dont les costumes offraient un prétexte à la richesse de sa palette. La *Descente des Bohémiens* est la plus complète expression de cet art : tout y est vie et lumière ; la troupe descend un chemin escarpé ; à travers le feuillage, le soleil envoie ses rayons et inonde tout le tableau d'une demi-teinte transparente et lumineuse ; c'est un pur éblouissement des yeux, comme tout l'œuvre de ce grand coloriste. De l'Orient qu'il traverse, il n'emporte que le souvenir des étoffes soyeuses et des broderies d'or se mirant au soleil ; de l'Italie il ne retient que la virtuosité du coloriste Véronèse qu'il égale souvent en séduction, sinon dans les conceptions de l'œuvre. La mythologie n'est pour lui qu'un prétexte à modeler en pleine lumière et en pleine pâte des Diane et des Nymphes.

Ceux qui l'ont connu jeune ont conservé de Diaz le souvenir de la nature la plus expansive ; l'homme était vivant comme son art, tout de premier mouvement ; son langage, qui ignorait les finesses de la conversation, était énergique comme sa brosse ; il disait brutalement ce qu'il pensait, quelque fût le milieu où il se trouvât ; la forme de sa conversation était la même au cabaret que dans un salon ; de bonne humeur, il dominait le bruit des conversations par des éclats de rire formidables ; la

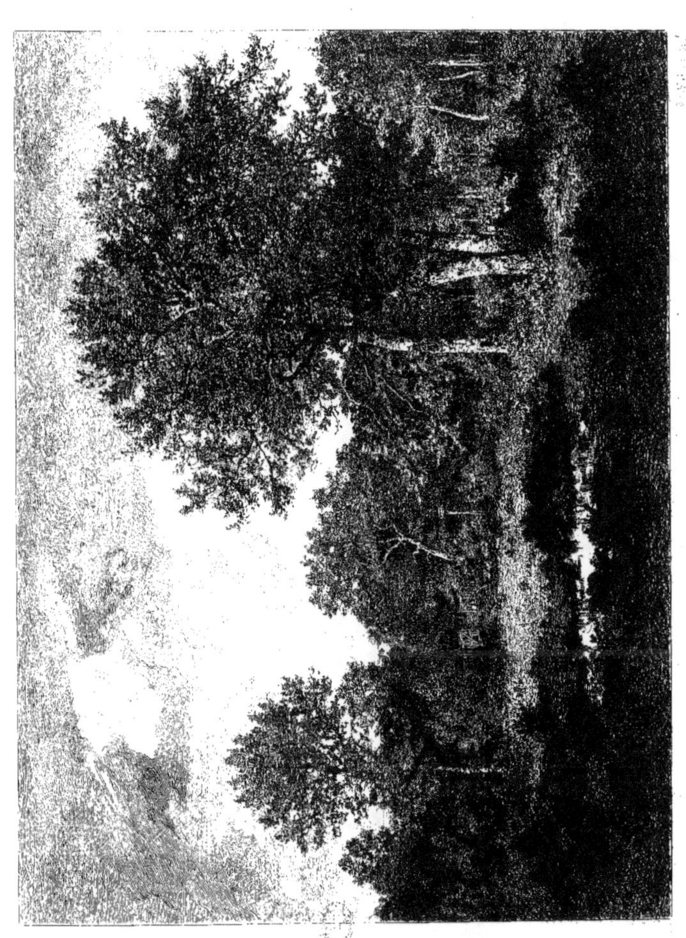

moindre contrariété lui arrachait les jurons d'un vieux marin, qu'il accompagnait par des coups répétés de sa jambe de bois, son pilon, comme il disait. Pauvre, il se moqua de la misère; riche, il demeura simple; quand l'argent vint à lui sur le tard, il n'y vit qu'un moyen de satisfaire ses goûts d'artiste, d'acheter sans marchander des tableaux de ses grands amis, des faïences rares, des tapis luxueux qui contrastaient avec son mobilier bourgeois en acajou. C'était le type des peintres de jadis, bon enfant, naïf et

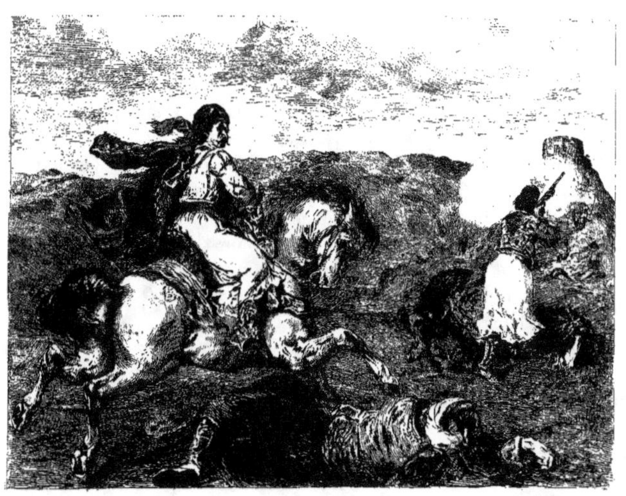

rieur; un rien amusait cette nature juvénile; on était sûr de le faire rire à gorge déployée avec quelque vieille anecdote réchauffée; il se tordait dans les spasmes d'une gaieté folle quand on imitait un acteur devant lui, et une joyeuse chanson au dessert d'un dîner bourgeois valait pour lui toutes les fêtes de la terre.

A première vue, Diaz étonnait plus qu'il ne séduisait; il apparaissait comme une nature brutale; en dehors de ses yeux flamboyants, rien dans sa personne de la distinction de son œuvre. Mais en pénétrant dans son intimité, sa nature délicate, qui contrastait si singulièrement avec la surface, s'ouvrait comme un délicieux paysage qu'on découvre après avoir gravi un chemin abrupte. Au fond de cette rude écorce on découvrait des tendresses exquises; l'amour paternel parvenu à sa plus touchante expression, une amitié solide sans grandes phrases, mais pleine de délicates attentions. Le soleil était son élément; l'été, il bravait ses rayons brûlants; l'hiver, par le temps couvert, il l'évoquait de sa merveilleuse palette. Pendant la dernière guerre, à Bruxelles, il travaillait dans une froide et sombre chambre d'hôtel donnant sur une cour d'un aspect triste. Mais le peintre, vieillissant, avait emporté la patrie dans sa boîte à couleurs; dans ce triste atelier, accablé par des préoccupations patriotiques, il vivait dans ses souvenirs, au milieu de sa chère forêt de Fontainebleau, qu'il traduisait sur les toiles; le soleil éclatant de son œuvre semblait réchauffer cette froide retraite de l'exil; son art était tout pour Diaz, et il se réfugiait des tristesses de la vie dans sa peinture. Sa carrière fut un long rêve dans lequel il entrevoyait un monde imaginaire à côté des réalités des paysages : c'était comme une féerie ruisselante de soie, de velours et d'or; sous les bois il évoquait des pages tenant des lévriers en laisse, des châtelaines vêtues richement, des nymphes aux chairs d'une tonalité exquise; quelquefois, sous son pinceau magique, ces improvisations prenaient un vol plus haut vers le grand art, comme dans sa fameuse *Diane*, qui semble échappée de l'œuvre des grands maîtres.

Diaz fut surtout un improvisateur et un fantaisiste; lui-même se rendait compte de ce qui manquait à son œuvre pour le placer tout à fait au premier plan; il se voyait débordé par ses qualités de coloriste qui font sa gloire, mais auxquelles il a sacrifié le reste. Mais à peine s'aperçoit-on que, dans ses figures, la forme n'est pas toujours complète, tant on est sous le charme de la couleur. Ce fut un bien grand peintre, allez!...

Après la guerre, quand le monde se rua sur Paris pour lui acheter à vil prix les œuvres d'art qu'on jugeait déclassées après tant de maux, il se produisit ce phénomène que les prix des tableaux, devant les demandes nombreuses, triplèrent rapidement. Maintenant la fortune venait à Diaz; il acheta à Étretat une jolie villa au fond d'un jardin, où les fleurs, qu'il aimait tant et qu'il copiait avec une si rare virtuosité, s'épanouissaient au soleil; dès le matin, de sa fenêtre, il avait sous les yeux tous les éblouissements de la coloration; derrière la maison adossée contre la falaise, un chemin montait vers un plateau d'où l'on découvrait la mer. C'est là qu'il aimait se reposer dans la contemplation de l'infini, et devant cet aspect grandiose de la création, son cœur d'artiste s'épanouissait. Souvent, dans ses épanchements intimes, il mêlait à ses observations pittoresques comme un regret d'avoir manqué sa vie; il se sentait près

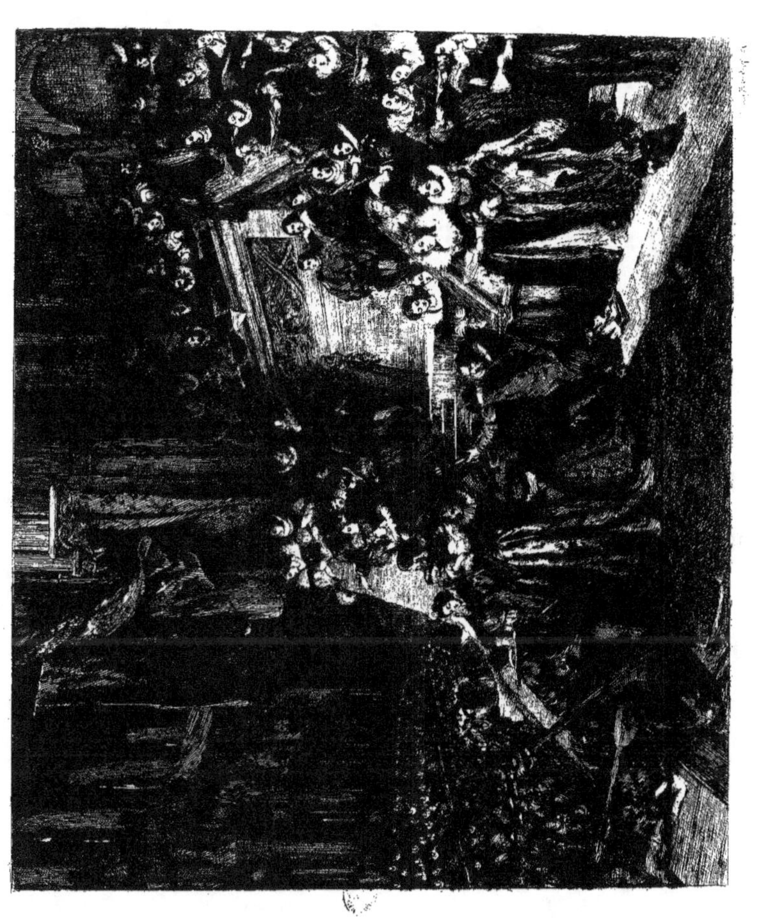

de sa fin, et au lieu des petits tableaux, il jurait de ne vouloir plus faire que
de grandes toiles dans lesquelles il pourrait résumer tout son art et toute
son ambition devant la postérité ; la fortune n'est rien, disait-il, sans le
contentement de soi-même. Et alors ce vieux peintre, déjà célèbre, se
remettait à la besogne avec une ardeur juvénile et comme s'il avait un
long avenir devant lui. Il n'y a que les artistes véritables qui restent ainsi
debout avec toutes leurs espérances, à un âge où le commun des mortels
n'attend plus rien de sa vie.

Le retour de l'hiver lui fut toujours fatal. En 1876, Diaz se sentait
atteint d'une affection de la poitrine qui rendait tout travail impossible ;
il n'avait plus la ressource d'évoquer le soleil bienfaisant par la magie de
sa coloration ; il ne voulait pas mourir sous le ciel brumeux de Paris ; le
peintre du soleil désirait avoir le soleil pour témoin de son agonie ; il s'en
fut à Menton où, un instant, il sembla revivre d'une vie nouvelle : c'est là
qu'il fit ses derniers tableaux. La mort l'a surpris au travail ; avant d'avoir
raison de cette nature encore pleine d'énergie, dans la maladie, il fallait
lui arracher le pinceau des mains et le briser. Vaincu de corps et d'esprit
à la fois, Diaz ne se défendit plus. Sans le travail, la vie ne lui offrait plus
de séduction ; de son lit d'agonie, à travers la fenêtre ouverte, il aperçut
le paysage baigné dans le soleil, et ce grand enchanteur mourut en contemplant une dernière fois l'astre qui fut l'inspirateur de son œuvre.

VI

l'angle du boulevard Malesherbes et de la rue Le-
gendre se trouve un palais d'une construction bizarre,
conçu pour les intimités de la vie. L'hôtel détonne
par son architecture au milieu des maisons neuves qui
l'entourent, il a un faux air de cloître : à travers les
fenêtres qui s'ouvrent rarement, le passant n'aperçoit
aucune trace de ce luxe moderne dont la banalité se
traduit par l'abondance des dorures et des étoffes éclatantes ; les salons proprement dits n'existent pas dans cette demeure
d'artiste, ils sont remplacés par deux ateliers qui se succèdent et tiennent
toute la largeur du premier étage ; là, du matin au soir, l'un des

plus grands artistes de ce siècle est penché sur un labeur qui dure depuis cinquante ans avec la même conscience et la même ardeur. La plus grande gloire de M. Meissonier devant la postérité sera non seulement d'avoir été l'un des plus illustres peintres de son temps, mais

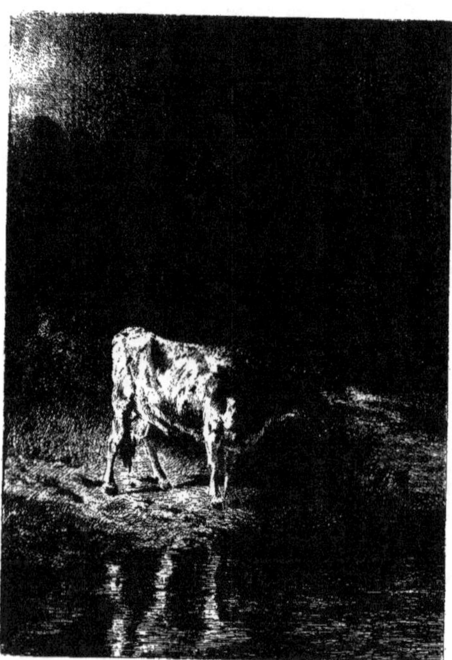

encore de n'avoir sacrifié à aucune époque de sa longue carrière un atome de sa dignité. L'histoire des arts est attristée par les nombreux exemples de défaillances que les plus purs génies ont subies, quand, parvenus au sommet de la situation acquise, ils ont jeté en pâture à l'amateur, des œuvres conçues dans le seul but d'un rendement d'argent, sans souci du respect de soi-même et de l'honnêteté dans l'œuvre, qu'on doit au public en échange de la grande situation de l'artiste. M. Meissonier a cette gloire incontestable de n'avoir pas sacrifié, pendant une heure de sa vie, à des préoccupations en dehors de son art. Cette « respectability » du peintre, comme disent les Anglais, est inattaquable, et ceux-là même qui, jusqu'à un certain point, font des réserves sur l'œuvre, s'inclinent avec respect devant cette belle conscience d'artiste.

Les bouleversements dans les arts entraînent, comme ceux de la

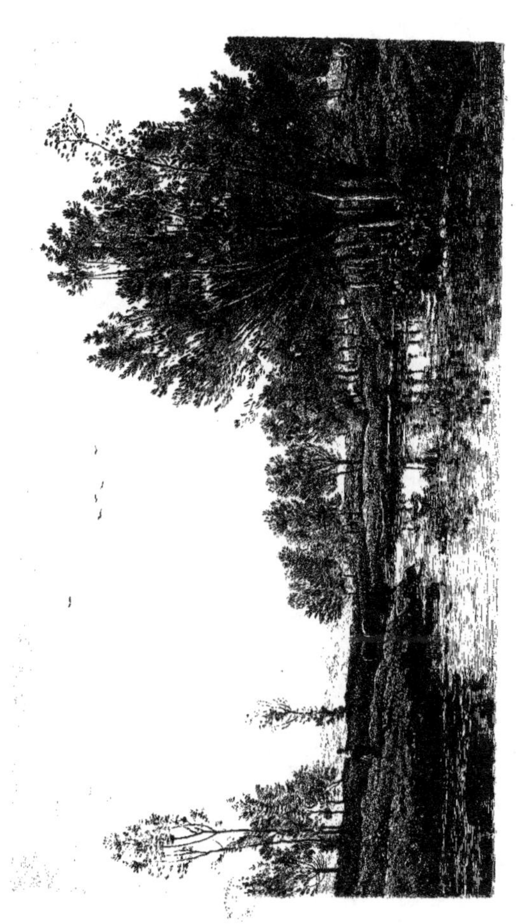

politique, un certain désordre des esprits. Delacroix succédant à Géricault avait passé sur l'art français avec ses drames puissants et la fougue de l'exécution ajoutée à tous les étonnements de son incomparable palette. Les peintres de troisième plan dénaturèrent cet art si grand en s'appropriant tous les défauts du maître, sans son génie; la hardiesse de la conception se transforma en un oubli complet de l'ordonnance de l'œuvre; l'audace de la couleur devint de l'excentricité voulue; on vivait sous le règne d'un romantisme à tous crins, dans le choix du sujet aussi bien que dans la façon échevelée de peindre. Je ne saurais mieux comparer cette crise qu'à celle de la musique contemporaine, affolée par le génie de Richard Wagner. Au milieu de cette débandade surgit tout à coup M. Meissonier, avec ses petits tableaux d'un dessin si serré, d'une exécution si précieuse. L'art dédaigné des Flamands renaissait sous le pinceau de ce jeune Lyonnais, fils de parents pauvres, comme une protestation contre le désordre et un appel suprême à la conscience artistique. Que venait faire ce disciple de Terburg, de Mieris et de Gérard Dow dans une école vouée à toutes les excentricités? Dédaigneusement, on l'appelait peintre de petits bonshommes. Puis, à mesure que les études rapprochaient davantage M. Meissonier de la nature, on le traita de photographe. Les médiocres imitateurs de Delacroix n'eurent pas assez de mépris pour ce consciencieux. Ils le combattirent avec la même passion et la même intolérance qu'avaient déchaînées les classiques de l'Institut contre Delacroix. On ne tenait pas compte à M. Meissonier du dessin sévère de son œuvre, de l'exécution irréprochable et de cette noble conscience d'artiste, qui ne devaient jamais se démentir, qui n'ont été dépassées par aucun ancêtre et qui assurent à son nom le respect devant la postérité. Le pauvre enfant de Lyon, l'élève de Léon Coignet, était destiné à devenir l'un des plus grands artistes de ce siècle.

Le plus grand reproche qu'on faisait à M. Meissonier était de puiser ses tableaux dans les siècles passés. Il ne vivait pas dans son époque, disait-on, il n'était pas un moderne. Pourquoi retournait-il constamment à Louis XIII ou à Louis XIV? Le mérite des Flamands, sur lequel l'art de M. Meissonier s'appuyait, était précisément de nous avoir laissé dans leur œuvre comme l'histoire peinte de leur civilisation. C'est bientôt dit. Mais quand un peintre vit à une époque qui n'a pas de style et qui, elle-même, retourne toujours vers l'ameublement ancien pour s'entourer d'une note artistique, qui n'a pas de costume séduisant et de nature à impressionner un peintre, on est bien forcé de chercher ailleurs les éléments qui nous manquent.

On ne peut pas juger l'éminent peintre à sa valeur quand on n'a pas
pénétré dans les intimités de son labeur considérable. Le moindre panneau de M. Meissonier est le résultat de recherches nombreuses et d'études
sans fin. Les murs de son atelier sont les témoins de sa conscience ; tout
autour des deux ateliers, sur la cimaise, sont les preuves de ses efforts
constants ; on y peut lire la sincérité et la volonté admirables de l'homme
qui ne laisse rien au hasard, qui ne perd jamais la nature de vue et qui ne
compte pas avec le temps quand il s'agit de mener une œuvre au degré de
perfection que l'artiste ambitionne. Croquis, études peintes, maquettes en

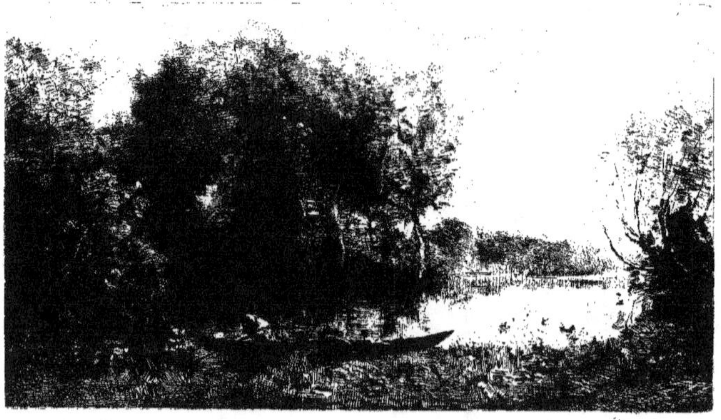

cire, ont précédé la mise en train définitive de l'œuvre ; ce sont les gammes
de cet incomparable virtuose qui devancent l'exécution du morceau ; pour
la moindre figure, M. Meissonier fait de nombreuses études préparatoires ;
il ne l'aborde définitivement qu'après de longues stations devant la nature,
qu'il scrute en détail avant de la peindre dans l'ensemble. Si la peine n'est
nulle part visible dans l'œuvre de M. Meissonier, et c'est ce qui en fait le
charme, elle n'en est pas moins énorme. Le grand peintre, lui aussi, juge
que rien n'est fait tant qu'il lui reste quelque chose à faire ; le contentement
de l'amateur compte peu dans sa vie, quand il n'est pas satisfait lui-même.
Le jour où M. Meissonier met sa signature au bas de l'œuvre terminée, il
est convaincu qu'il a mis son talent tout entier dans son tableau. S'il se
trompe, c'est de bonne foi et non par un relâchement de la conscience d'ar-

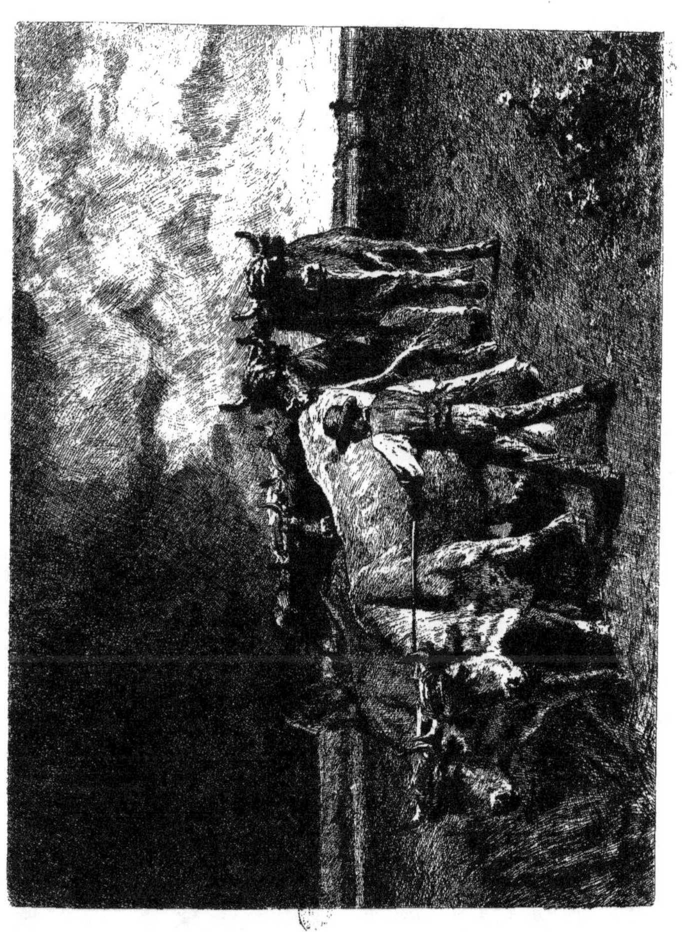

tiste qui est chez ce septuagénaire : on ne lui arracherait à aucun prix une
œuvre qu'il ne juge pas lui-même parvenue à toute son intensité ; plus d'une
fois il a détruit à coups de couteau un tableau d'une immense valeur d'argent, parce qu'il l'a jugé indigne de sa grande renommée.

M. Meissonier, jaloux de conserver sa grande situation intacte dans le
présent, est également soucieux de son renom devant l'avenir. En voyant
son œuvre volumineuse dispersée dans les collections des quatre parties
du monde, il a jugé qu'il devait choisir lui-même deux de ses tableaux pour

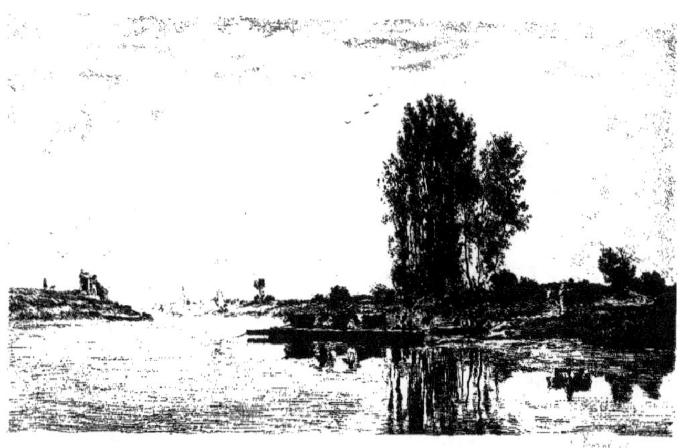

les léguer au Louvre. On a plusieurs fois offert trois cent mille francs pour
les deux panneaux qui ont figuré dans l'Exposition au souvenir de laquelle
cet ouvrage est consacré. Mais le *Graveur à l'eau-forte*, aussi bien que
l'*Homme à la fenêtre*, ne quitteront l'atelier de l'artiste que pour aller un
jour au Louvre. Jamais artiste n'a pénétré plus avant dans la nature que
ne l'a fait M. Meissonier dans ces deux tableaux qu'il considère avec
raison comme la plus haute expression de son art.

Un autre tableau marqua à l'Exposition des Cent chefs-d'œuvre
l'évolution que M. Meissonier fit, dans le milieu de sa carrière, vers
la peinture militaire. Avant de l'aborder définitivement, M. Meissonier consacra plusieurs années aux études préparatoires. Un artiste
aussi consciencieux que celui-ci ne pouvait rien laisser au hasard et

se contenter de l'art superficiel de l'à peu près. Il faut voir, dans l'atelier du maître, les innombrables études de cheval faites avant que le premier cavalier fut peint. Écuyer passionné lui-même, M. Meissonier fit du cheval l'objet de longues recherches; non seulement il le dessinait sans relâche d'après nature, mais il voulut vivre dans l'intimité du cheval pour l'observer toujours. Dans sa maison de campagne de Poissy, le peintre établit une écurie nombreuse où des chevaux se trouvaient toujours prêts à être montés sous ses yeux, afin qu'il pût étudier leurs moindres mouvements. D'autres broutaient en liberté sur les pelouses, toujours sous l'œil du maître, qui les observait de la sorte dans l'action comme au repos; il les faisait galoper dans des terres labourées ou dans des champs de blé, établis dans le parc, pour se rendre compte des ravages faits par les sabots. Patiemment, avec cette ténacité qui lui est propre, M. Meissonier se rendit peu à peu maître du cheval, comme de l'homme, et ce ne fut qu'après avoir étudié la race chevaline pendant de longues années, que le grand consciencieux la transporta dans son œuvre; il a de la sorte traduit l'épopée du premier Empire dans un grand nombre de tableaux, dont le plus complet, *la Campagne de France en 1814,* est non seulement un chef-d'œuvre de composition et d'exécution, mais encore une grande page d'histoire, dans un cadre restreint. Un si grand labeur, une si belle conscience d'artiste devaient vaincre les plus récalcitrants. Aujourd'hui, M. Meissonier assiste à son apothéose. Un demi-siècle d'incessant travail a fait de l'enfant de Lyon le plus célèbre parmi les peintres vivants. Les prix de ses œuvres ont atteint des proportions formidables, inconnues jusqu'alors. Le plus vif éloge qu'on puisse faire de M. Meissonier, c'est de dire qu'il n'a pas eu une défaillance devant l'engouement du million qui vient à lui avec toutes ses séductions; cet homme de soixante-dix ans a résisté à toutes les tentations de l'argent, à une époque où il domine et terrasse les plus vaillants. Le grand artiste, dont les œuvres se vendent si cher, n'est pas riche comme on pourrait le croire, non seulement parce que ses fantaisies de grand seigneur absorbent ses revenus, mais parce qu'il n'a jamais rien fait pour de l'argent. Sa signature est devenue un tel capital qu'en la prodiguant frivolement sur des œuvres hâtives, M. Meissonier pourrait gagner un million par an; mais sa conscience est si belle que, plutôt que de jeter sur le marché une œuvre au-dessous de son renom, M. Meissonier resterait des années entières sans gagner un sou; ce qu'on paie à l'artiste

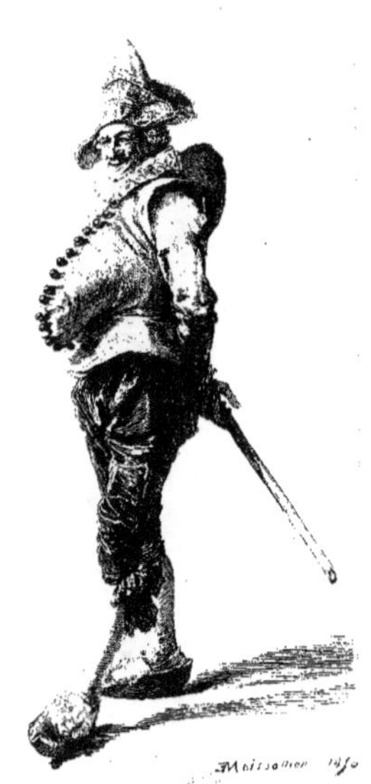

est le long et surtout pénible travail, les hésitations sans fin devant toute
œuvre nouvelle, l'honnêteté artistique de l'homme qui ne compte ni avec
le temps ni avec la peine pour maintenir son art dans la perfection que
l'artiste ambitionne et qu'il atteint presque toujours! Le grand artiste,
dont les œuvres se vendent, non au poids de l'or, mais au poids des
billets de banque, n'est pas riche; sa fortune est tout entière dans les
innombrables et magnifiques études de son atelier, dont la valeur est
immense et que l'artiste refuse, malgré toutes les sollicitations, de vendre
à n'importe quel prix, parce que ces témoins muets de sa vie sont pour

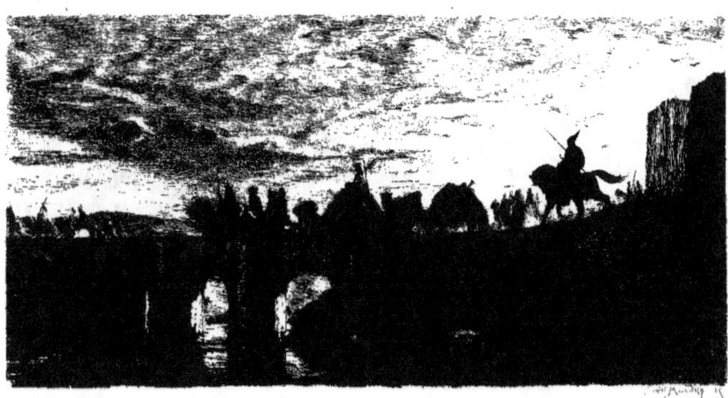

lui comme l'histoire de toute sa carrière d'artiste, écrite par lui-même,
au jour le jour; ce sont les confidents de ses peines et de ses joies
qui attestent devant le contemplateur de ces milliers d'études, combien
de volonté et de sincérité l'éminent artiste dépense dans toutes ses
œuvres, sans distinction du genre, de la grandeur ou du prix.

Quand on juge seulement M. Meissonier d'après les tableaux qui
défilent sous les yeux du public, quand, devant le résultat obtenu, on rend
pleine justice à la somme énorme de talent souvent répandue sur un panneau de dix centimètres carrés, on ne l'apprécie pas encore à sa juste
valeur. Pour mettre M. Meissonier à son véritable plan dans notre estime,
il faut se rendre compte, par les études multiples, de toutes les phases
que l'œuvre a traversées avant de parvenir au public, de toutes les recherches qui ont précédé et accompagné un labeur dans lequel rien n'est

laissé au hasard et où tout repose sur une observation sans trêve et un recueillement profond devant la nature. C'est pour cela que M. Meissonier est un si grand peintre. A ceux qui font des réserves sur les dimensions des tableaux, qui regrettent, au nom du soi-disant grand art, que le célèbre peintre ait maintenu son œuvre dans des proportions restreintes, je me permettrai de dire qu'en art, c'est là une question secondaire, et que le tableau intitulé « *1814* » est, dans un petit cadre, un des plus puissants drames de la peinture en ce siècle, comme M. Meissonier est un des plus grands artistes de notre temps.

M. Meissonier n'est pas plus responsable de ses imitateurs, qui chaussent les vieux souliers du maître, que Delacroix ne l'est des barbouilleurs qui ont surgi après lui. On a souvent reproché à M. Meissonier d'avoir rapetissé l'art de son temps, en donnant l'exemple du petit tableau : il serait plus juste de dire que son art a ramené toute une génération au respect de la nature. Sans doute, l'œuvre de M. Meissonier n'est pas l'art tout entier, mais elle est une des manifestations les plus intéressantes de notre siècle, et le nom de ce grand peintre de petits tableaux est plus solidement assis devant l'avenir que s'il avait méconnu ses aptitudes merveilleuses et brossé de grandes toiles, inférieures comme qualité d'art aux chefs-d'œuvre signés de ce peintre, le premier de la fin de ce siècle et un des plus étonnants artistes qui l'aient illustré.

<h1 style="text-align:center">VII</h1>

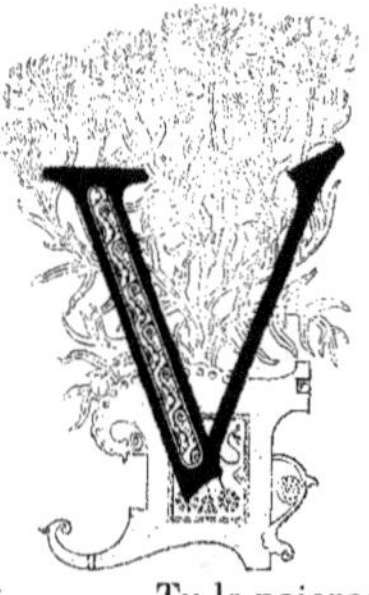

OILA, mon camarade, dit Jules Dupré en entrant chez le baryton Baroilhet, de l'Opéra, je vais te proposer une bonne affaire ; j'ai un chef-d'œuvre à vendre.

— Un chef-d'œuvre ? répéta le chanteur célèbre, et qui a fait ce chef-d'œuvre ?

— Théodore Rousseau.

— Oui, il a du talent, fit Baroilhet, beaucoup de talent, mais l'argent est rare.

— Tu le paieras en deux fois, insinua Dupré....., deux cent cinquante francs par mois.

— Où est-il, ton chef-d'œuvre ? » demanda Baroilhet.

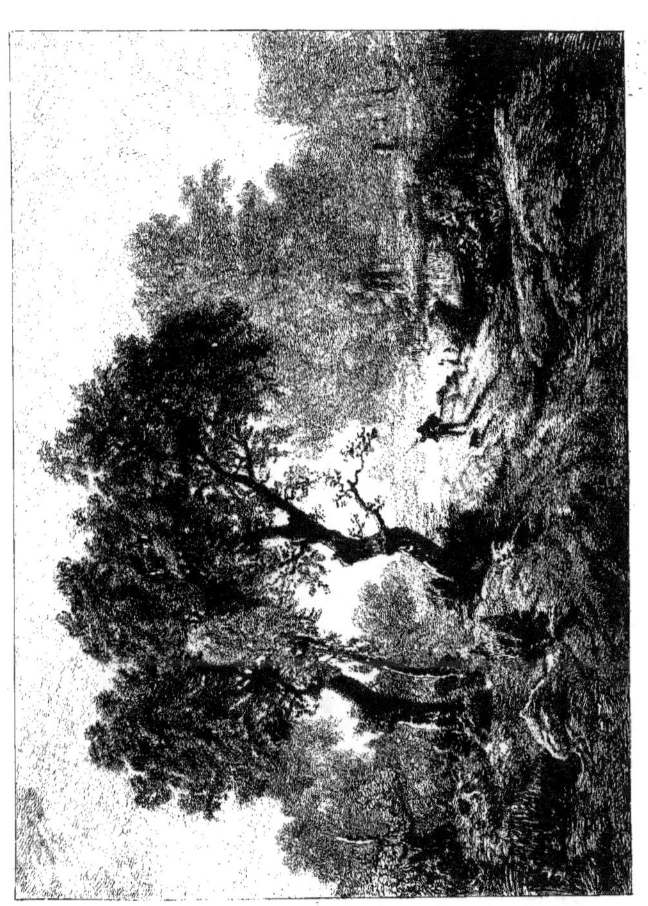

Jules Dupré se pencha par la fenêtre et fit signe à un commissionnaire qui attendait à la porte, de monter.

« Regarde, » dit-il à son ami.

Le baryton Baroilhet, alors au comble de sa renommée, était un homme de goût, un des premiers qui aient deviné l'art considérable des paysagistes de 1830 ; il poussa un cri de surprise et d'enthousiasme, c'était réellement un chef-d'œuvre que son ami Dupré lui offrait pour cinq cents francs : c'était le *Givre*, une des plus célèbres toiles dans l'œuvre de Rousseau, et qui vaut aujourd'hui au moins cent mille francs. Depuis le matin, Jules Dupré avait promené la toile à travers Paris sans pouvoir la caser ; il ne voulait pas rentrer bredouille, car il avait bien promis à Rousseau qu'il la vendrait. C'était fait : Baroilhet compta la somme entière avec un soupir en disant :

« La peinture finira par me ruiner. »

Vingt années après, quand Baroilhet vendit sa collection, le *Givre* atteignit le prix de dix-sept mille francs.

« Eh bien, lui dit Jules Dupré, j'espère que je ne t'ai pas fait faire un mauvais marché?

— C'est vrai, riposta le chanteur avec fierté, mais, il y a vingt ans, il n'y avait encore que moi sur le pavé de Paris pour donner les cinq cents francs. »

Dans le groupe de paysagistes de premier plan qui devaient ramener l'art français aux splendeurs de Ruysdael et d'Hobbema, Théodore Rousseau est incontestablement celui qui a pénétré le plus en avant dans la nature. A la vérité, Jules Dupré lui avait montré la route, mais une fois parti, Rousseau se sépara de son compagnon pour suivre ses propres destinées. L'amour de la nature était venu, à ce fils d'un tailleur, dans l'humble emploi qu'il remplit dans sa première jeunesse chez un sien parent qui exploitait une scierie mécanique en Franche-Comté; en accompagnant son patron dans ses excursions commerciales à travers les bois, cet enfant humait le principe d'Art sur lequel, plus tard, il devait échafauder sa gloire. Quand, à l'âge de quinze ans, il fut autorisé à suivre sa vocation, Théodore Rousseau fut confié à un peintre médiocre du nom de Rémond, qui passait pour le premier paysagiste de son temps. On lui enseigna ce qu'on appelait alors le grand Art : le paysage historique où, dans une nature de convention, se promenaient des figures échappées de la Bible ou de l'histoire antique. De la végétation qui les environnait et des contemporains qui circulaient à travers elle, les glorieux de 1820, les dédaignés d'aujourd'hui, ne prenaient aucun souci; il ne serait pas resté de trace de tous ces médiocres sans les Rousseau, Dupré, Corot, Delacroix et Millet, qui ont souffert par eux et dont on ne peut écrire la douloureuse histoire sans citer les noms des piètres ancêtres auxquels a succédé ce groupe de géants. Aux heures libres, le jeune Théodore Rousseau oubliait, devant les enseignements de la création, les mauvaises leçons de son maître; on peut dire de lui

qu'il est élève de la nature, élève attendri et reconnaissant, dont toute la vie devait être consacrée ensuite à la glorification de sa bienfaitrice. C'est dans les environs de Paris que le jeune Rousseau se retrempait des mauvaises leçons qu'on essayait de lui inculquer; le fameux Rémond perdait son temps à vouloir convaincre cet élève qu'il fallait passer indifférent devant les splendeurs de la création et chercher l'Art dans le faux.

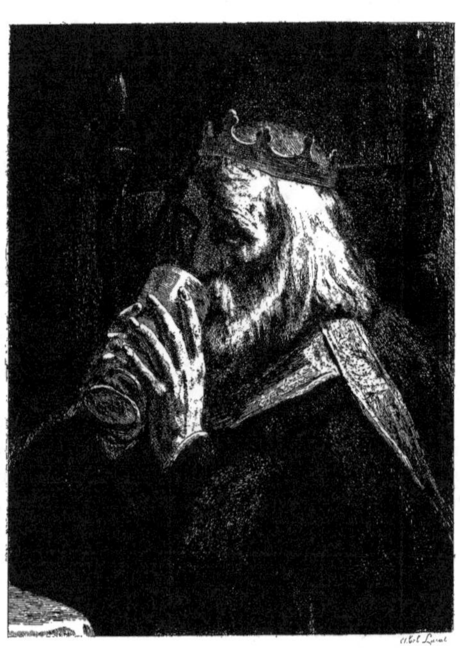

Pour Théodore Rousseau, le sentiment de l'Art véritable se doublait d'un profond amour pour le sol natal; il lui semblait que la France était assez riche en sites pittoresques pour inspirer un peintre. Est-ce que Ruysdael ne tirait pas une partie de sa valeur des aspects de son pays que son Art a glorifié? Hobbema ne fut-il pas surtout un immortel paysagiste parce qu'il avait développé son génie dans la contemplation attendrie de la terre où il était né? N'y avait-il pas témérité à vouloir construire dans sa

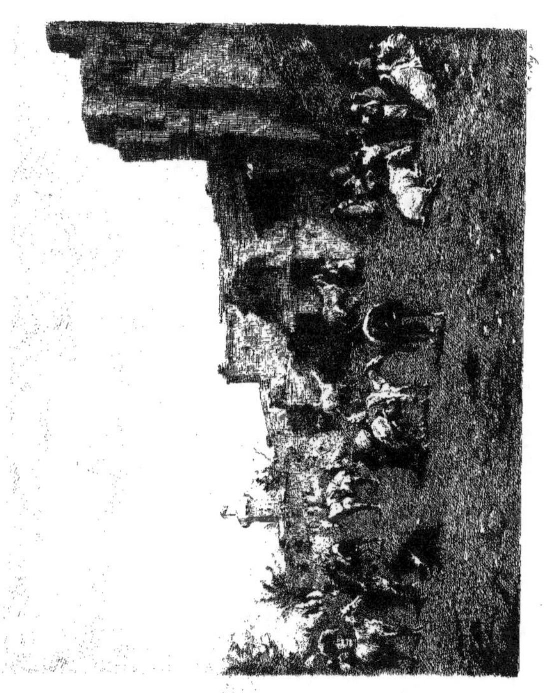

pensée un monde plus beau que le monde véritable, à dédaigner les splendeurs de nos forêts, les beautés de nos plaines, pour courir après la reconstitution d'une végétation qu'on n'avait jamais vue ailleurs que dans les tableaux des prédécesseurs? Que ces aveugles ne vissent rien des magnificences qui les entouraient, c'était chose inexplicable pour le jeune Rousseau. Leur cœur ne battait donc pas? Ils ne subissaient donc pas les enivrements de la nature qui faisaient bouillonner le sang de ce

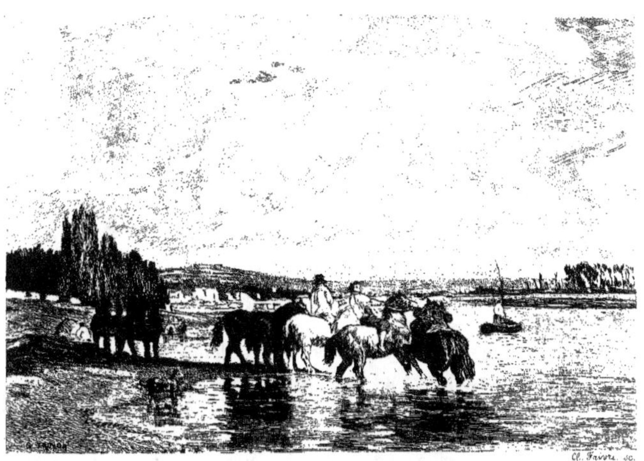

jeune homme? Leur art faux était sans âme, sans émotion; les grandeurs du sol natal leur échappaient; la poésie de nos bois demeurait lettre close pour eux; ces hommes n'avaient jamais tressailli devant la nature de leur pays. Et ils se disaient artistes!

Les peintres anglais du temps de la Restauration s'étaient, les premiers, révoltés contre la routine triomphante du paysage historique. Mais leur œuvre était inconnue en France; on ne peut donc pas dire qu'ils aient montré la route aux grands paysagistes français; ils ont surgi peu de temps avant eux; ils sont sortis comme eux de la révolte de tous les bons esprits contre ce qui était faux. Le sentiment de la vérité, le besoin d'approfondir la nature sont innés en l'homme. Séparés par l'Océan, ne sachant rien les

uns des autres, les Anglais et les Français marchaient par deux routes
différentes vers un même but. Dans ce réveil d'un art véritable, dans les
deux pays, la France devait définitivement se placer au premier rang et
laisser bien loin derrière elle l'école anglaise. Parmi les grands paysagistes français qui n'ont pas seulement ramené l'Art national vers la
nature, mais dont l'influence devait devenir si considérable sur les écoles
étrangères, Théodore Rousseau occupe la première place, parce qu'il est
le maître le plus complet; les grands aspects du paysage et ses intimités
lui sont également familiers; il traduit avec une égale maîtrise le sourire
de la création et ses grondements, la plaine large et ouverte comme la
forêt mystérieuse, le ciel limpide et éclatant de soleil ou l'amoncellement
des nuages chassés devant l'orage, les aspects terribles ou pleins de grâce
du paysage; il a tout compris, tout rendu avec un égal génie; les grands
contemporains ont chacun une marque particulière. Corot a peint la
grâce, Millet les mystères et Jules Dupré la force majestueuse. Théodore
Rousseau a été tour à tour aussi poète que Corot, aussi mélancolique que
Millet et aussi terrible que Dupré; il est le plus complet parce qu'il embrasse
le paysage tout entier.

L'œuvre de ce génie fut refusée avec obstination au Salon officiel par
ces messieurs de l'Institut. Dans toutes les manifestations de l'Art français
en ce siècle, on les retrouve avec la même intolérance de leur outrecui-
dance à vouloir façonner l'esprit des artistes à leur fantaisie. Cet Institut
de 1830 est responsable devant l'histoire d'une persécution sans exemple.
D'un fanatisme impitoyable dans sa propre impuissance, il a essayé de
frapper les purs génies qui ne voulaient pas se soumettre. Rousseau abreuvé
d'injustices, l'âme remplie de dégoût, se réfugia dans la forêt de Fontainebleau et en appela à la nature de l'injustice des hommes. N'y avait-il pas là
un autre méprisé des Académiques, Millet, ce grand martyr? Entre les
deux grands peintres se serra alors ce lien d'amitié que rien ne devait jamais
troubler. Plus tard, quand Rousseau fut plus heureux que Millet, il trouva
un moyen ingénieux et touchant pour venir au secours de son ami. De temps
en temps il achetait une œuvre de Millet en laissant croire à celui-ci qu'un
Américain l'avait acquise. C'est ainsi qu'on les trouve, depuis leurs débuts
jusqu'à la fin, unis par une admiration sans bornes pour le génie mutuel, et
par une fraternité d'âme des plus touchantes. Leurs deux noms sont insé-
parables, unis dans la misère, dans la lutte jusqu'à la fin; nous retrouvons
Millet, au lit d'agonie de Rousseau, pleurant son meilleur ami, dont le
départ allait replonger le grand incompris de Barbizon dans la solitude.

Millet ne devait jamais quitter le village qu'il a rendu célèbre; moins

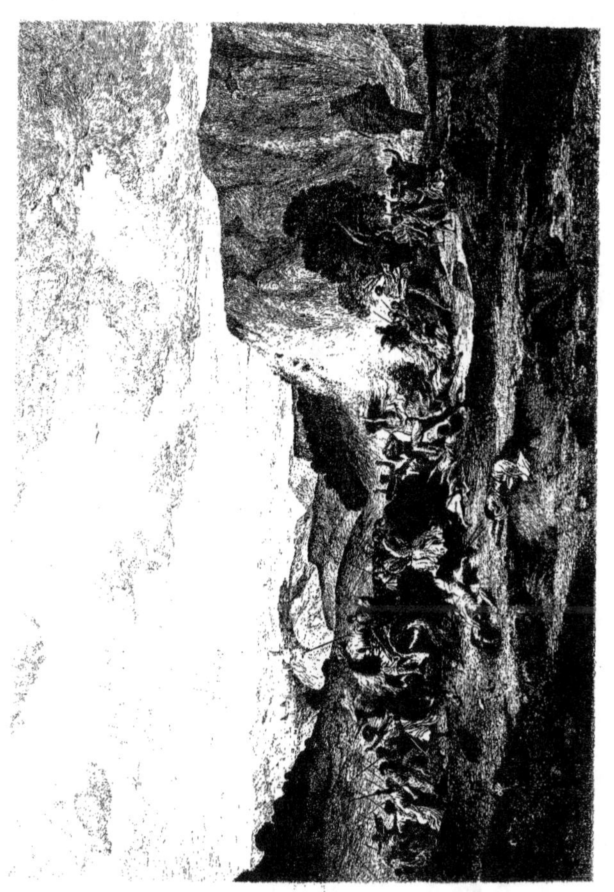

misanthrope que lui, Théodore Rousseau rêvait sans cesse à l'installation
parisienne ; Millet fuyait la ville, Rousseau y retourna toujours, car il sentait que Paris était le véritable champ de bataille où il fallait vaincre ou
mourir. On peut marquer les étapes par les injustices qu'il subit. Reçu enfin
au Salon, on plaça Rousseau de telle sorte que ce fut un nouvel outrage
ajouté à tant d'autres. Aux distributions de récompenses, on passa dédaigneusement à côté de ce maître. Il avait déjà des chefs-d'œuvre dans toutes
les collections, quand enfin, en 1852, on se décida à le décorer. Il était

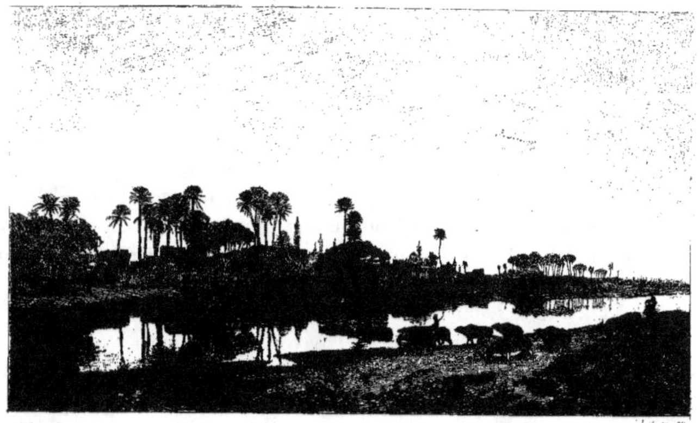

temps, car lorsque vint l'Exposition Universelle de 1855, sur laquelle
l'œuvre de ce paysagiste jeta un si grand éclat, elle vengea du coup ce
grand peintre de toutes les persécutions.

Mais si éclatante que fût la revanche, elle ne put pas chasser de l'esprit de Rousseau le souvenir des froissements subis ; il lui en était resté une
déchirure profonde au cœur dont il ne devait plus guérir ; on en trouve des
traces dans l'amertume qui l'envahissait contre sa patrie ; il parlait de vouloir émigrer en Angleterre, en Hollande, en Allemagne, d'où lui venaient
sans cesse les témoignages d'une haute déférence ; Amsterdam l'avait
nommé membre honoraire de son Académie des Beaux-Arts, alors que la
France ne lui ouvrait pas les portes de la sienne. Avec l'âge, Théodore Rousseau fut atteint de cette soif des honneurs glorieux qui, chez les artistes, est

le premier indice de la sénilité : il ne montra point jusqu'au bout le stoïcisme de Millet. Hautain et plein de mépris pour ses détracteurs, les coups d'épingle avaient fait à la longue une large et douloureuse blessure à l'amour-propre de Rousseau ; on trouve le témoignage de son amertume dans sa correspondance, dans les notes intimes qui furent publiées après sa mort, et qui sont comme les cris de douleur d'un cœur ulcéré. Alors, commence pour le grand artiste une époque d'hésitations. On voit que les reproches de ses ennemis le préoccupent ; on devine, signe certain d'un esprit maladif, des préoccupations mystérieuses dans ses œuvres. On ne peut pas affirmer que Rousseau, par des concessions tardives, ait voulu se réconcilier avec ses persécuteurs, mais sa volonté chancelait. Le Salon de 1864 vit cette défection douloureuse pour les admirateurs de Rousseau.

Il faut indiquer cette évolution vers un Art fini jusqu'à la mesquinerie en même temps qu'il convient de l'expliquer. La femme de l'artiste était tombée en démence, et malgré les avis des médecins et des amis, Rousseau ne voulait pas se séparer d'elle ; désormais ce grand artiste qui avait tant souffert dans sa jeunesse, vit son âge mûr attristé par le mal incurable dont la femme tendrement aimée se trouvait atteinte. On le voit alors errer au hasard comme une âme en peine, courant des forêts à la mer sans se fixer nulle part ; partout l'image de sa femme le suit et l'obsède ; entre l'œil de l'artiste et la nature se place sans cesse cette statue de la démence. La main du grand peintre est toujours à l'œuvre, mais sa pensée est ailleurs. Ce grand dédaigneux s'arrête maintenant aux bagatelles de la porte, tout l'irrite ; la névrose semble l'envahir. Les vieilles haines n'avaient pas désarmé contre ce grand et pur génie ; à travers la gloire qui lentement s'était amoncelée sur le nom de Rousseau, ses détracteurs poursuivirent leur œuvre d'intrigues et de vengeance. Chef de la section du Jury à l'Exposition Universelle de 1867, Rousseau ne reçut point la rosette d'officier de la Légion d'honneur qu'il ambitionnait ; à lui, à Dupré et à Millet, c'est-à-dire à trois des plus admirables artistes de ce siècle, on avait préféré dans les récompenses officielles : Gérôme, Pils et Français.

Cette fois, Théodore Rousseau en avait assez : on peut juger de l'étendue de la blessure que cet oubli fit à son amour-propre, par un fragment de lettre qu'on trouva dans ses papiers après sa mort ; c'est un projet de protestation adressée à l'Empereur. Rousseau renonça à cette lettre, mais il avait été blessé à mort. Abreuvé de dégoût, le cerveau en ébullition, l'âme envahie d'amertume, il retourna à Barbizon pour y mourir. Son agonie fut agitée comme sa vie ; à travers les spasmes de la mort, deux noms venaient sur ses lèvres : celui de sa femme et celui de son meilleur ami. Sa dernière

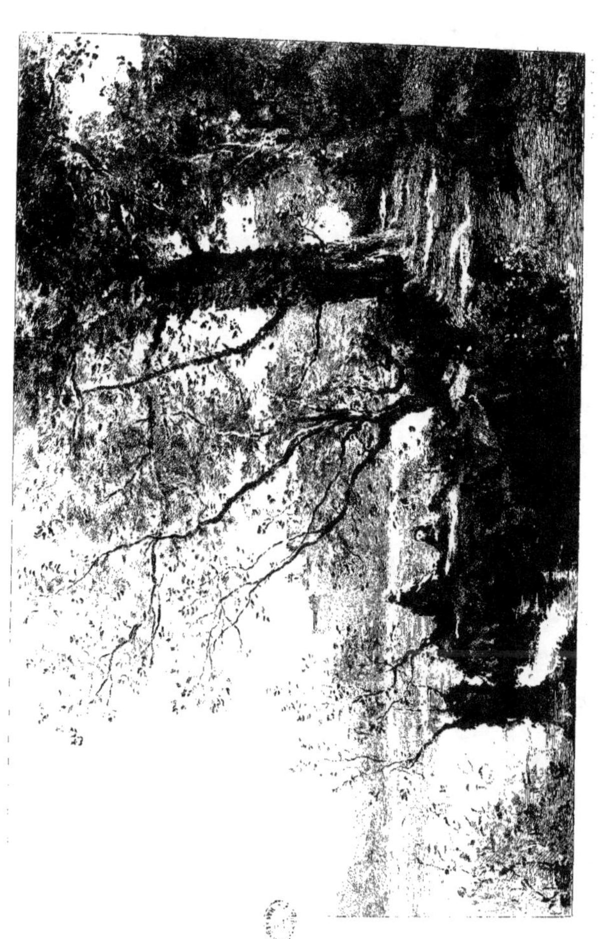

pensée fut pour le compagnon de ses luttes et la compagne de son foyer. C'est ainsi que mourut ce glorieux martyr de l'art français, ce gigantesque paysagiste, qui, en son seul génie, réunit la double gloire de Ruysdael et d'Hobbema, car il avait de l'un les émotions violentes et de l'autre la tendresse réfléchie devant la nature. L'injure qui lui avait été faite à l'Exposition Universelle de 1867 fut le coup de grâce : Théodore Rousseau en est mort. Cette distinction qu'il réclamait sans cesse comme un droit arriva trop tard pour réparer le mal. La paralysie l'avait envahi ; Rousseau n'a plus que tout juste la force pour sourire aux amis qui sont venus pour le féliciter. Ses amis espèrent raviver ses forces qui s'éteignent de plus en plus, en promenant le cher malade à travers le paysage ; par moment son esprit semble se réveiller à la vue de la nature ; ses yeux se remplissent de larmes devant la création qu'il a tant aimée, mais la main reste inerte. Jean-François Millet lui ferma les yeux.

VIII

L A peinture française a longtemps vécu sur un Orient de fantaisie où des couleurs violentes se heurtent au soleil et scintillent de mille feux désordonnés. L'Orient véritable est tout autre ; la transparence de l'atmosphère répand sur le paysage comme une teinte d'un gris argenté et d'une finesse exquise ; il est doux et harmonieux, et non violent et tapageur. La première fois que, du pont du Bosphore, je contemplai Stamboul au coucher du soleil, je fus surpris de cette différence entre l'Orient routinier et l'Orient véritable. Le premier est une agglomération de tons aveuglants où les choses et les hommes se découpent en silhouettes sur un ciel en feu ; le second est d'une harmonie douce et pénétrante ; aucun artiste n'a mieux rendu l'Orient véritable dans sa coloration distinguée qu'Eugène Fromentin. Il ne s'était pas contenté d'étudier l'Afrique dans les œuvres de ses devanciers ; il l'avait vue de ses propres yeux et jugée avec sa pensée à lui, en poète attendri et en observateur fidèle. Chez ce charmant artiste, le talent du peintre se doublait d'aptitudes très grandes pour la littérature ; aussi, dans son œuvre, il ne peint pas seulement l'Afrique ; il nous la raconte : sa *Fantasia,* par exemple, n'est pas uniquement un tableau délicieux, d'une finesse incomparable de coloration, mais encore une page descriptive, telle qu'un littérateur de profession l'eût fouillée avec son art particulier. Dans la plaine ouverte, devant l'émir et son escorte, les Arabes passent au triple galop de leurs

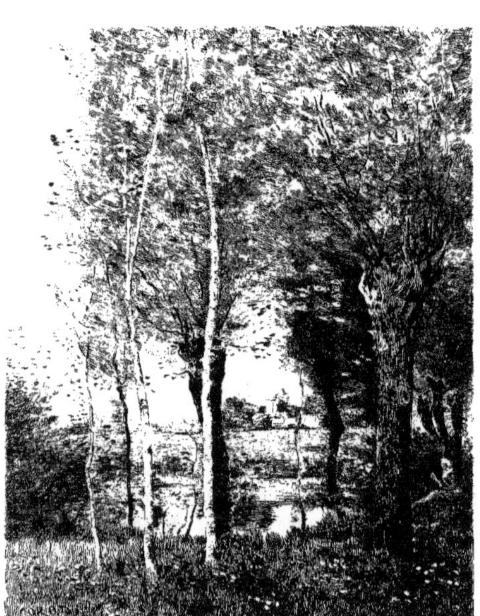

petits chevaux, poussant des clameurs et jonglant avec leurs longs fusils ; rien de plus difficile à faire qu'une toile aussi complexe, où des centaines de cavaliers se heurtent dans un mouvement endiablé. Et cependant l'œil du spectateur embrasse du premier coup et dans ses moindres détails cet ouragan humain qui passe : les burnous flottent au vent ; les hommes debout dans les étriers ou couchés sur leurs coursiers s'agitent ; la vie est partout sans que l'inquiétude soit nulle part ; la transparence du ciel oriental répand sur toute l'œuvre une douce harmonie et la rend une dans ses détails multiples. Cet Orient-là ne ressemble à aucun des tableaux africains qu'on a peints avant Fromentin ; c'est de cette note personnelle que se dégage le charme de l'œuvre et c'est elle qui donne à l'artiste le rang distingué qu'il occupe dans l'histoire du siècle.

La première fois que je vis un tableau de Fromentin — au Salon de 1863, je crois — je fus tout de suite frappé par la révélation que le

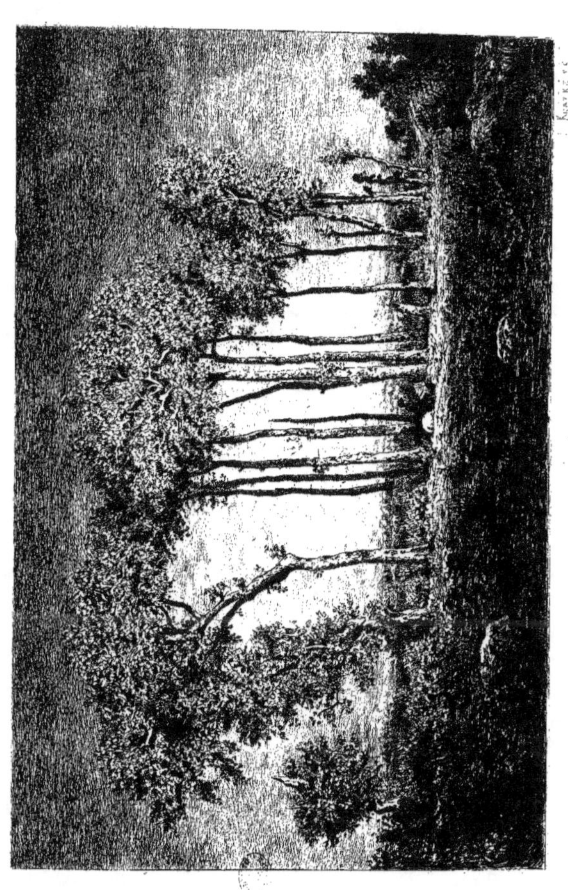

peintre nous apportait de l'Orient véritable; c'était le fameux *Fauconnier*
que Fromentin exposa à cette époque : dans un vaste paysage le cavalier
galopait, portant son faucon prêt à s'envoler. Dans cette simple scène,
Fromentin avait su mettre toute la grandeur et toute la poésie du paysage
africain et de l'Arabe; l'homme qui savait exprimer tant de sensations

dans un sujet si
simple était évi-
demment un poète
lui-même, c'est-à-
dire une nature
sensible et ou-
verte à toutes les
séductions de la
création. La cri-
tique a souvent
reproché à Fro-
mentin d'avoir
trop sacrifié au
côté littéraire
dans son œuvre,
c'est-à-dire de
trop s'être arrêté
à l'anecdote de
son tableau. Mais
il n'est pas dé-
fendu à l'art, que
je sache, de con-
ter au public dans
ses moindres dé-
tails, et avec une
force descriptive

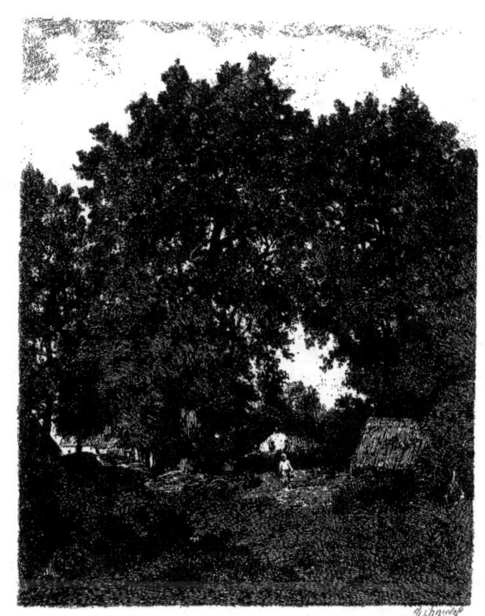

très grande, les particularités d'une civilisation lointaine et de la mettre
sous ses yeux dans son véritable caractère. Tout au plus pourrait-on dire
de Fromentin qu'il a, de-ci, de-là, répandu sur son Orient particulier comme
un vernis d'élégance parisienne; cela venait surtout de la distinction très
grande de l'homme qui prêtait à ses Arabes la grâce de sa propre personne.
La pensée, chez ce peintre délicat, étant foncièrement élégante, tout ce
que l'œil contemplait prenait aussitôt dans l'esprit de Fromentin une allure
poétique. Tout artiste de valeur ne peut jamais se dégager complètement

de ses sensations personnelles : c'est même par là que le grand peintre
se distingue de l'artiste de second plan ; celui-ci n'a le plus souvent que
l'œil du peintre sans l'âme de l'artiste ; il rend à merveille ce qu'il voit, sans
y ajouter un tressaillement de son être. Toute œuvre artistique qui ne
nous fait pas pénétrer en même temps dans l'intimité de son auteur reste
d'un ordre inférieur, quelle que soit la virtuosité de l'artisan.

Eugène Fromentin se révèle tout entier dans ses tableaux ; ce fut un
homme d'une distinction rare et qui ennoblissait en quelque sorte tout ce
qui traversait sa pensée ; il a contemplé et peint l'Orient en poète : dans
ces hordes arabes qui campent au bivouac ou parcourent le désert, il n'a
pas voulu voir la réalité des choses dans leur abjection ; tandis que la main
du peintre courait sur la toile, l'esprit de l'artiste vagabondait comme celui
d'un poète à travers l'espace. Lorsqu'il peint l'Arabe au repos avec les chevaux broutant en liberté à côté des tentes, il est frappé par la grandeur mystérieuse d'une telle scène dans le silence du désert et sous ce ciel limpide
où brillent les étoiles ; quand il le peint dans l'action, il l'entrevoit dans la
fougue indomptée d'une peuplade primitive qui n'a pas encore appris à
mesurer ses gestes ; partout il répand sur la créature d'Orient la grâce
réelle de la race et sa distinction ; la pensée de l'artiste est si remplie de
son sujet que souvent la peinture lui semble impuissante à exprimer tout
ce qu'il ressent. Alors il dépose sa palette et s'attable devant son encrier ;
il écrit ces ouvrages charmants sur l'Orient où le peintre, à chaque ligne,
perce sous le littérateur comme, dans ses tableaux, on découvre sans
peine l'écrivain sous le peintre. On a souvent insinué que Fromentin,
s'il ne fût né peintre, eût été un littérateur considérable ; c'est, à mon
sens, méconnaître entièrement la double faculté de cet esprit distingué.

Ce qui fait le charme et la valeur de ses descriptions de voyage, ce
n'est pas la seule note littéraire, très séduisante en elle-même, mais la
persuasion chaude et colorée que le peintre ajoute à sa prose. Un pur
écrivain eût écrit dans une forme plus complète ; seul, un peintre pouvait,
par la précision de la chose vue et par la coloration de son style, donner
à une œuvre littéraire le double charme de la plume et du pinceau, l'un
complétant l'autre.

Quand on avait contemplé l'œuvre de Fromentin, sa personne ne
vous apportait plus aucune surprise. C'est bien ainsi que je m'étais figuré
l'artiste quand, pour la première fois, je lui fis, vers la fin de sa carrière,
une visite dans son atelier de la rue Pigalle : c'était bien là l'homme correct
et distingué de son art particulier, le peintre qui avait passé une grande
partie de sa vie dans les solitudes africaines et qui avait remporté de ces

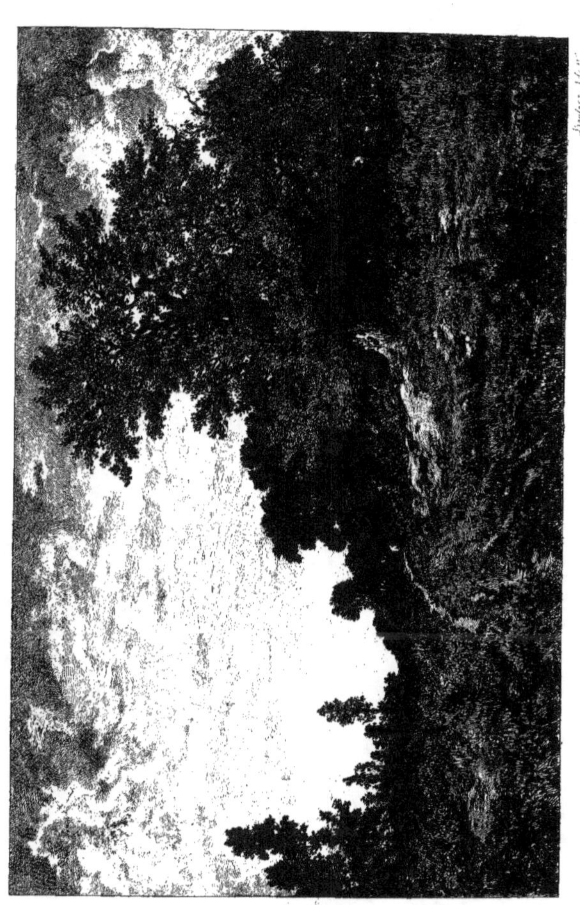

longues absences, consacrées à la contemplation, le mutisme de l'homme
d'Orient; il parlait peu, comme les gens de la race qui lui inspiraient ses
tableaux. Les tribus qui vivent dans l'isolement des vastes paysages
hument avec l'âge le silence qui les environne; leur allégresse n'est pas
bruyante comme la nôtre; elles savent par l'expérience qu'elles ne parvien-
draient pas à remplir les vastes espaces de leur propre bruit. La vie con-
templative rend l'homme silencieux en même temps qu'elle lui donne tout

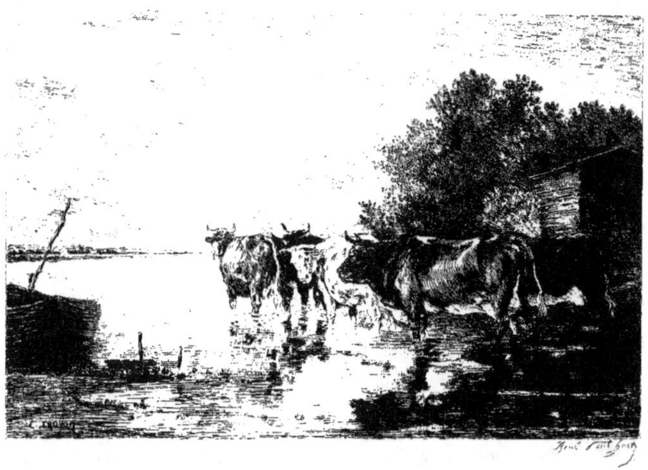

naturellement le besoin de se concentrer en lui-même; chez ces peuplades,
la sensation intime est plus intense que la nôtre, sans se trahir par l'abondance de la parole ou l'exubérance du geste. On peut constater la vérité
de cette observation sur nos propres paysans, qui deviennent moins
bruyants à mesure que le paysage au milieu duquel s'écoule leur vie
devient plus grandiose.

De ses longs voyages en Orient, où Fromentin avait passé des années
à contempler ce qui l'entourait, le peintre avait remporté en France le
mutisme des Orientaux; sa parole était lente et réfléchie, son geste me-
suré, la voix de peu d'éclat; il s'enfermait dans son atelier où le jour pénétrait par une grande fenêtre, sans que l'artiste, plein de ses souvenirs
africains, fût troublé dans ses rêveries orientales par la vue du mouvement

parisien devant son hôtel. Les nombreuses études de son atelier témoi-
gnaient de la sincérité de ses efforts ; il avait observé l'Arabe dans son
milieu et à côté de son fidèle ami, le cheval ; personne n'a rendu le coursier
arabe dans ses mouvements si gracieux avec plus de bonheur. Qu'ils
soient au repos ou qu'ils galopent dans l'espace, les chevaux arabes de
Fromentin sont bien de leur race, avec leurs attaches si fines, leur allure si
vivante, leurs robes chatoyantes comme la soie et leur façon fière de porter
la petite tête sur une encolure large et puissante. Tout cela est peut-être
un peu plus élégant que la nature, un peu plus séduisant que la réalité
brutale ; mais peut-on reprocher à un artiste de répandre sa propre
distinction, dont il ne pouvait se départir, sur son œuvre? Chez Fromentin,
le peintre observait les mouvements et le coloriste voyait les choses avec
son sens si fin des tons ; le poète, lui, ajoutait je ne sais quelle rêverie déli-
cieuse à ces pages empruntées à la réalité des choses. Dans le *Campement*,
par exemple, on croit entendre les mélodies mélancoliques des Arabes à
travers le hennissement des chevaux qui paissent en liberté. L'Afrique
n'enthousiasmait pas seulement le peintre en vue de son art, il en humait
la poésie et la répandait sur ses toiles ; de là un charme exquis dans les
œuvres de ce charmeur.

Le lecteur trouvera, sans que j'y insiste outre mesure, la différence
L'Orient de Fromentin me fournit une excellente occasion de parler
de celui de Fortuny, qui fut, lui aussi, représenté à l'Exposition des Cent
Chefs-d'Œuvre par plusieurs scènes arabes. Le célèbre peintre espagnol
n'a vu dans l'Orient qu'un prétexte à exercer son incomparable habileté,
qui ne saurait être dépassée. Mais il a vu l'Afrique en virtuose, et par con-
séquent il n'en a rendu que la surface ; ce sont là des chefs-d'œuvre
d'exécution tant que vous voudrez, et par cela même on s'explique l'étonnement qu'ils produisirent à leur première apparition. Mais ce ne sont
pour ainsi dire que des impressions fugitives, retenues sur la toile par un
peintre qui se jouait de toutes les difficultés. Pour bien établir le rôle de
chacun de ces deux orientalistes, je dirai qu'ils jouaient le même air sur le
même instrument, mais de deux façons distinctes. Le maître espagnol
exécutait de vertigineuses variations sur une mélodie que le maître français jouait simplement avec toute son âme ; on demeure stupéfié de la
prodigieuse habileté de Fortuny, on demeure ravi des accents pénétrants
de l'art de Fromentin. *La porte de l'Alhambra* de Fortuny est un chef-d'œuvre
d'exécution ; *La famille arabe en voyage* de Fromentin est un chef-d'œuvre de
sentiment.

Le lecteur trouvera, sans que j'y insiste outre mesure, la différence
de ces deux arts puisés à la même source ; chez Fortuny, la justesse

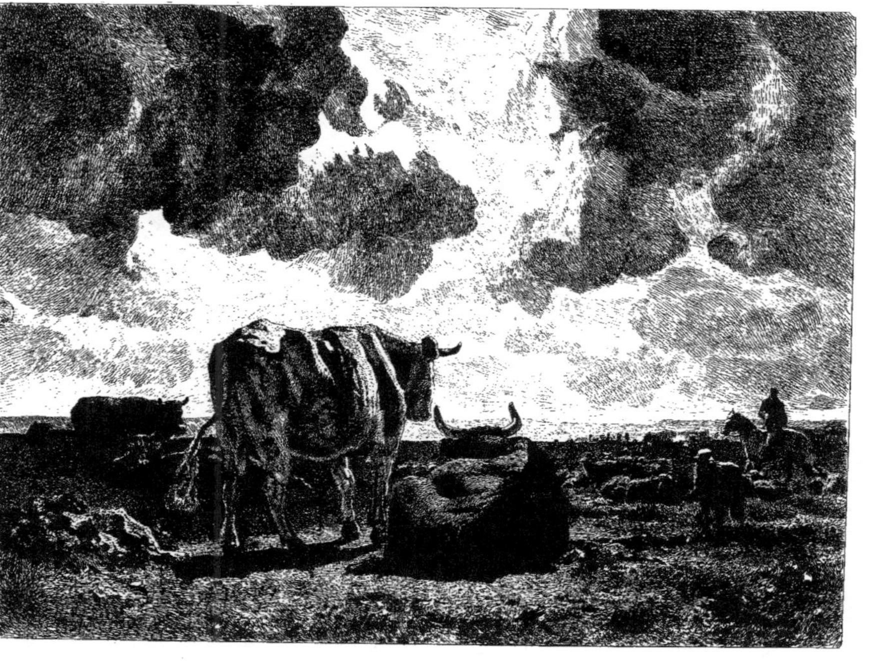
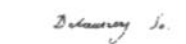

Delaunay sc.

de l'œil est irréprochable et la main n'a pas une hésitation; chez
Fromentin, ces qualités sont encore renforcées par la pensée du poète,
par l'impression profonde que l'Afrique avait laissée dans son âme et dont
on retrouve des traces dans ses moindres œuvres.

Toutefois, on risquerait d'être injuste pour la mémoire de Fortuny si
on ne rappelait pas que la mort l'a fauché jeune, tandis que Fromentin était
parvenu à la maturité de l'âge, après qu'il lui eut été permis de dire le

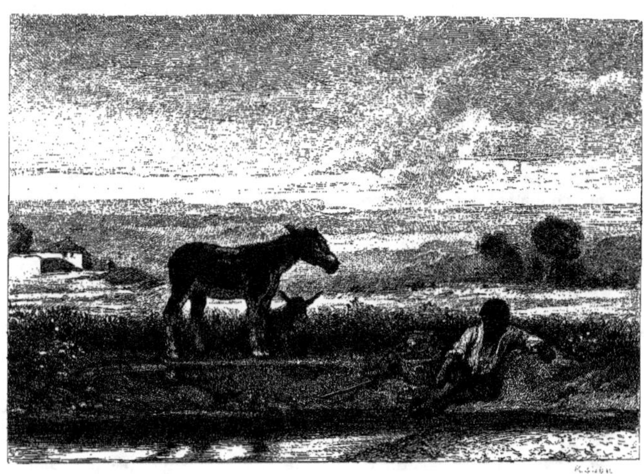

dernier mot de son art. Si le paysage tient une place dominante dans
l'œuvre de Fromentin, c'est que, avant de devenir l'un des artistes les
plus distingués de l'École française, il avait commencé par se consacrer
au paysage; son maître sur ce terrain fut un artiste respectable, M. Louis
Cabat, aujourd'hui directeur de l'Académie de Rome, qu'il convient de citer ici, quoique son élève ne lui ait rien emprunté. Fromentin est un de ces
artistes prédestinés qui donnent à leur œuvre une marque personnelle. On
l'a beaucoup imité, mais il ne s'est appuyé sur aucun ancêtre, et c'est bien
pour cela que sa place est marquée parmi les meilleurs de son temps.
C'est, à proprement parler, un charmeur.

Les hommes qui mesurent la valeur d'une œuvre d'art d'après les proportions des personnages ont souvent reproché à Fromentin de maintenir ses tableaux dans les petites proportions, comme si telle nouvelle de Mérimée, par exemple, ne valait pas un roman en plusieurs volumes d'un autre. Mais en admettant même que Fromentin se fût jugé lui-même inférieur dans les figures de grande dimension, n'est-ce pas une preuve de goût de la part d'un artiste que de reconnaître et de juger ses aptitudes personnelles et de s'y conformer? Ce qu'on appelle le grand art n'est pas toujours l'art grand. Ce n'est pas la compréhension des vastes dimensions qui manquait à cet homme d'élite. Fromentin a écrit sur les *Maîtres d'autrefois* un volume d'études qui montre à quel point son esprit fut ouvert aux grandes œuvres des siècles passés; il s'est contenté de les admirer sans essayer de les imiter. Comme toutes choses de la pensée humaine, l'art de la peinture doit marcher en avant; les éternels recommenceurs de ce qui fut avant eux ne sont que des comparses dont un temps s'accommode parfois, mais sans que l'avenir retienne leurs noms; ce sont les inventeurs, ceux qui apportent une expression nouvelle de leur art, basé sur un sentiment propre, qui marquent les étapes de l'intelligence humaine à travers les âges.

IX

S i le Destin veut combler un artiste de sa plus haute faveur, il lui conservera jusqu'à la fin les enthousiasmes et les illusions de la jeunesse. Charles-François Daubigny fut un de ces préférés; à soixante ans, il était aussi jeune d'esprit qu'à l'époque où il puisa, sous la direction de son père, miniaturiste distingué de la Restauration, les premiers éléments de son art. Chez ceux qui vivent en plein air, dans l'éternel contact réconfortant de la nature, la fraîcheur des idées semble refleurir à chaque printemps. Daubigny fut comme Rousseau et Corot, et comme l'est encore Jules Dupré, un amoureux de ces bords de l'Oise, où s'est écoulée une grande partie de sa vie; plus que les autres, Daubigny nous a fait connaître ce pays charmant, où Rousseau n'a peint que quelques-unes de ses œuvres, mais sur lequel repose pour ainsi dire toute la gloire de Daubigny; il

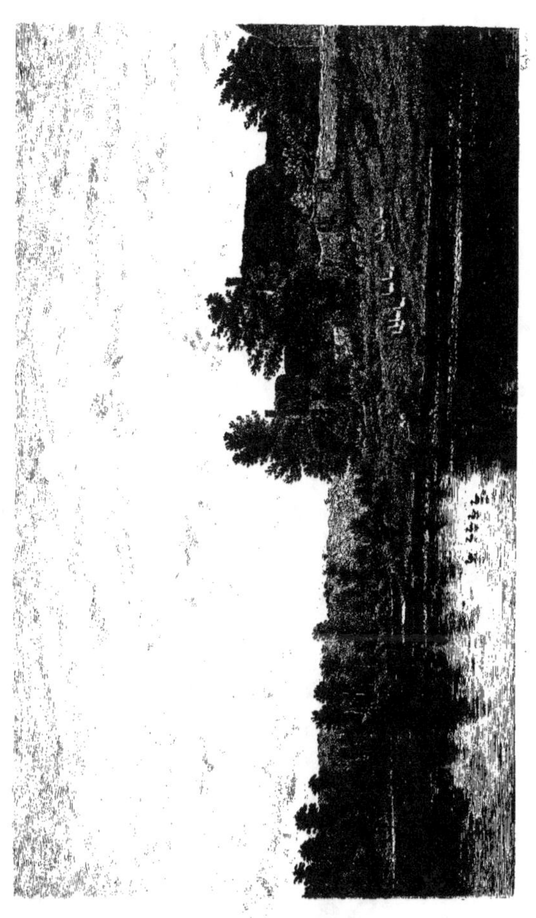

l'aimait tant qu'il voulut y vivre toute sa vie ; sa maison d'Auvers était bien
connue ; l'accueil y était toujours cordial, mais il était utile de l'aviser de
la visite, sans cela on risquait fort de ne pas le trouver chez lui. A l'aube,
il disparaissait, montait dans son bateau et se laissait aller au gré de
l'eau ; quand il rencontrait un site nouveau, quand la nature se présentait
à lui dans un effet imprévu, la barque jetait l'ancre au milieu de la rivière,
et, en quelques heures, le grand paysagiste saisissait, pour ainsi dire au

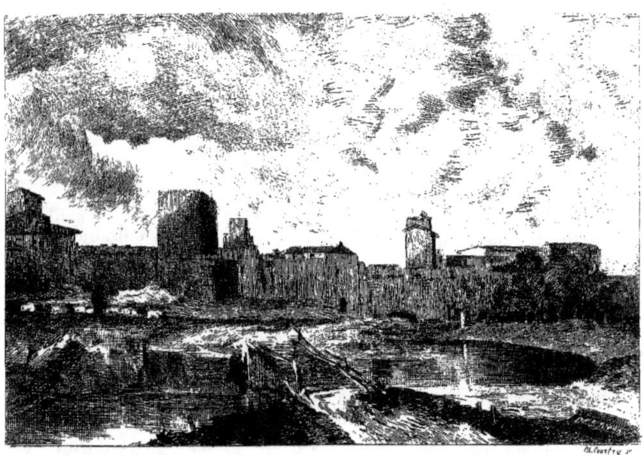

vol, les impressions du paysage. On peut dire que toute son œuvre a été
faite de la sorte dans des moments d'enthousiasme où la nature enfiévrait
le cerveau du peintre ; c'était un improvisateur merveilleux, et ses plus
belles toiles, celles auxquelles les véritables connaisseurs attachent le
plus grand prix, ont été enlevées de la sorte dans l'entraînement du
premier jet.

Les riverains de l'Oise et de la Seine le connaissaient bien ; on
désignait plus spécialement le paysagiste ambulant sous le titre de
« Capitaine », qualification qui lui plaisait fort, car, à force de vivre sur l'eau,
il avait pris, avec la rudesse du marin, sa fierté particulière de navigateur.
La barque de Daubigny était aménagée pour de longues excursions ; on
faisait la cuisine à bord, la cave était bonne ; on buvait sec et on piochait

ferme ; les motifs s'entassaient, et l'hiver venu, Daubigny rentrait à Paris avec sa provision d'art et de nature, que, vers la fin de sa vie, les amateurs et les marchands s'arrachaient. Que de fois je l'ai vu ainsi, sur le tard, quand sa chevelure avait déjà blanchi, doux et grave, bonhomme flatté et ennuyé en même temps de l'affluence des visiteurs, très affable, mais intraitable et renvoyant l'intrus par une boutade terrible quand on le froissait dans sa fierté d'artiste ! Peu fait pour les relations mondaines, Daubigny regrettait le bon vieux temps où le marchand venait discrètement chez le peintre et emportait le tableau à des prix raisonnables. Mais il fallait bien se rendre aux mœurs nouvelles et tenir, un jour par semaine, l'atelier ouvert aux envahisseurs. Dès neuf heures du matin, le défilé commençait, et on peut dire que ce fut pour Daubigny un véritable supplice ; l'amateur passait le plus souvent indifférent devant les tableaux esquissés auxquels l'artiste, avec raison, attachait le plus grand prix ; le marchand lui demandait toujours la même chose et faisait miroiter à ses yeux la question d'argent, qui, après tout, avait sa valeur. Ce à quoi le fier artiste, froissé jusque dans les moelles, s'écria un jour devant les visiteurs stupéfiés :

— Laissez-moi donc tranquille ; les meilleurs tableaux sont ceux qui ne se vendent pas !

Cette phrase vaut, à mon sens, toute une longue discussion ; elle dit tout dans sa brièveté : la révolte de l'artiste contre la mode qui voulait le renfermer dans un éternel et même cadre, et sa fierté qui n'acceptait pas l'engouement pour la suprême satisfaction du peintre ; il ne comprenait pas que l'appréciation d'une œuvre d'art pût reposer sur une autre préoccupation que la qualité d'art. Il y avait donc des tableaux de vente et d'autres qui ne l'étaient pas ? Oui, et la preuve en était que de magnifiques grandes toiles restaient pour compte au peintre, tandis qu'on s'arrachait les autres, d'un aspect plus aimable et qui ne les valaient pas.

Tout cela troublait le « Capitaine », qui ne fut réellement heureux que dans son bateau, loin des hommes. Jeune, Daubigny avait rêvé un voyage en Italie ; il en revint fort troublé, ne rapportant rien de bon de sa visite aux musées. Avec la nature de la patrie, qui se présentait d'autant plus séduisante à son esprit qu'il en avait été séparé longtemps, Daubigny trouva du premier coup sa véritable voie ; elle était dans ce qu'il avait sous les yeux, dans le charme de la rivière ensoleillée comme dans les mystérieuses beautés de la nuit, où la nature se dessine dans ses grandes lignes. A vingt-trois ans, le succès vint à lui pour ne plus le quitter. On fut frappé par la note nouvelle et toute personnelle que ce futur maître appor-

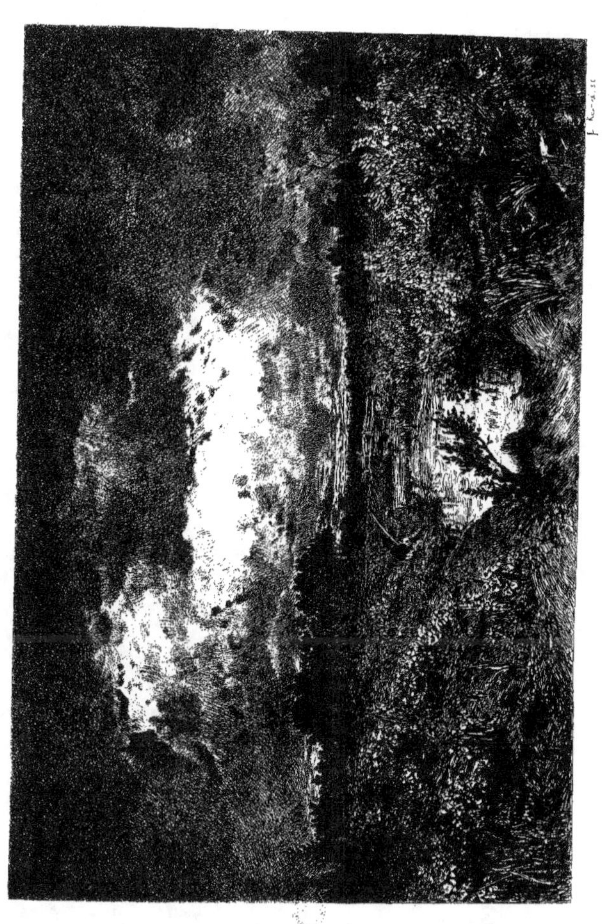

tait, par les tendresses de son coloris et par l'énergie de son exécution ; il
empruntait au paysage la note réaliste dans le noble sens du mot, c'est-à-
dire l'interprétation des choses réelles par le sentiment, et avec chaque
sensation nouvelle, humée devant la nature, son art changeait d'allure ; là
où le peintre s'était arrêté, souriant devant la grâce du paysage, son art
est plein de câlineries comme un rayon de soleil de printemps ; là où le
peintre se trouvait bouleversé par la grandeur d'un site, comme dans l'ad-

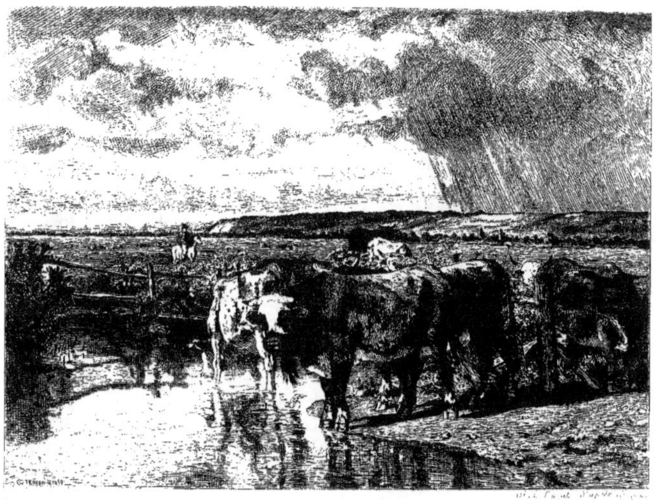

mirable vue de *Château Gaillard*, il s'élève dans les hauteurs sereines du
plus grand art ; quand la nature l'avait frappé surtout par ses grands
plans, il la jetait sur la toile dans les merveilleuses esquisses que le peintre
n'a pas poussées plus loin, parce qu'il n'avait rien à ajouter à cette impression d'ensemble ; d'autres fois, il pénètre dans l'intimité aussi avant que
possible et pousse l'œuvre jusque dans les dernières limites de l'exécution.
C'est ainsi que la vie de Daubigny repose sur le seul et véritable principe
d'art que l'allure d'un tableau doit refléter, la sensation éprouvée, et que
le peintre ne peut pas plus toujours peindre de la même façon que le littérateur n'emploie la même forme pour exprimer sa pensée.

Toutefois, le succès ne vint pas sans luttes à Daubigny ; il le conquit lentement à travers les Salons ; il y avait des hauts et des bas ; on le contestait vivement ; les pages maîtresses de ce maître peintre semblaient à quelques-uns n'être que des esquisses ; on traitait de peinture *lâchée* cette merveilleuse et franche maîtrise d'exécution, fort longtemps méconnue. Daubigny laissait dire et continuait tranquillement sa route. N'était-il pas le maître souverain de sa pensée? Et de quel droit, sinon en vertu de l'éternelle routine artistique, veut-on prescrire à un artiste de continuer son œuvre quand il pense l'avoir mise au point ambitionné? Pourquoi imposer toujours à un peintre de mener sa toile plus loin quand il en juge avoir dit le dernier mot? En principe, il est puéril de classer l'art en esquisses et en tableaux ; il y a les bonnes choses et les mauvaises, et chaque fois qu'un critique veut sortir de cette esthétique radicale pour juger l'œuvre d'un maître, il risque de se tromper.

Les tableaux se suivaient donc au Salon, longtemps accompagnés par des eaux-fortes, car Daubigny affectionnait cet art de la gravure, qui, de tout temps, a passionné les artistes véritables. Ce n'est que vers 1860 que Daubigny, après vingt années de labeur, parvint à la renommée complète : il prenait définitivement rang parmi les grands paysagistes de son temps.

A présent que le peintre se sent au port, son ambition grandit encore avec sa situation ; les grandes pages surgissent dans sa pensée ; à travers les tableaux dits de chevalet, il attaque des œuvres majestueuses dans leur conception simple, sans souci de la vente. C'est pour lui qu'il travaille, pour sa satisfaction d'artiste ; c'est de ces œuvres enfantées en dehors de toute préoccupation de la vie matérielle que le vieux peintre disait que les meilleurs tableaux sont ceux qui ne se vendent pas ; peu lui importait : c'était pour sa satisfaction personnelle et comme protestation contre la mode qui voulait le renfermer toujours dans les mêmes bords de l'Oise, qu'il entreprit les *Pommiers en fleurs*, le *Champ de coquelicots* et le *Grand lever de lune*, œuvres admirables, mais qui, par leur taille ou le choix du sujet, n'étaient pas d'un placement facile. On peut dire de Daubigny que s'il a toujours mis son art entier dans tout ce qu'il faisait, il a répandu le meilleur de son âme dans les grandes œuvres qui n'étaient pas conçues en vue de la spéculation.

Parvenu à la grande maturité de l'âge, admiré de tous les artistes, sollicité par les collectionneurs, envahi par les marchands, ce peintre exquis resta un simple, et c'est là le secret de la fraîcheur de sa peinture dans laquelle se reflète la fraîcheur de la sensation, surprenante chez un homme parvenu à la soixantaine. Théodore Rousseau, vaincu par la ma-

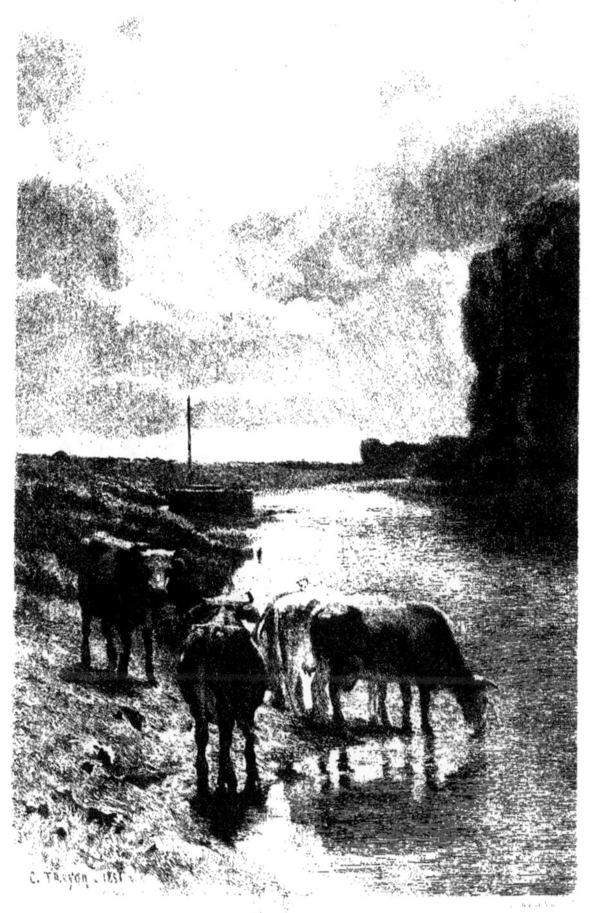

ladie, capitula sur le tard avec son principe d'art; Corot, si longtemps dédaigné, se laissait aller, vers la soixante-dixième année, à une production hâtive. Lui, Daubigny, sinon le plus fort, du moins le plus ferme de tous, portait ses regards plus haut à mesure qu'il vieillissait; il éprouvait une tristesse réelle devant la production hâtive de Corot, qu'il aimait au delà de tout, et il la lui reprochait avec l'émotion de son chagrin, à laquelle se mêlait une pointe d'amertume.

En deux ou trois circonstances, où je me trouvais avec Daubigny dans l'intimité de la pensée, il m'ouvrit son âme, toujours jeune, tendre et aimante. Sans doute, il était satisfait du chemin parcouru et de la situation acquise. Maintenant, il rêvait l'apothéose de sa carrière; il touchait au moment heureux où, après avoir assuré l'avenir de sa famille, il pouvait vivre désormais pour sa gloire : il ne voulait plus faire que de grandes toiles, « celles qui ne se vendent pas ». Dans ces épanchements intimes, la tête du célèbre peintre se transformait : son cœur se réchauffait au contact de l'ambition juvénile, comme la nature se retrouve sous le soleil printanier.

C'était un plaisir de constater le renouveau de la jeunesse chez un homme de cet âge. Les coudes sur la table, Daubigny appuyait le menton sur ses deux mains ouvertes. Il avait dû être beau jadis, et maintenant encore sa tête avait cette beauté du vieillard au regard pensif et tendre, qui est comme le rayonnement d'une belle âme. Les rhumatismes que Daubigny avait contractés sur l'eau, à force de vivre dans l'humidité, avaient creusé sur ce visage doux les rides profondes de la douleur; le mal dont il souffrait tant revenait toujours à la charge après un moment de répit : il devait avoir raison de toutes les résistances de ce grand peintre qui avait vieilli avant l'âge. Au milieu de ses souffrances, il ne perdait pas l'art de vue, l'art qui avait enflammé l'adolescent, qui fut la préoccupation constante de l'homme et dont l'esprit rêvait encore de nouveaux efforts, alors que le corps était déjà terrassé. On sait la dernière parole de Gœthe, qui s'éteignit sous le cri : « De la lumière! » Daubigny, sur son lit de mort, eut un mot qui mérite de passer à la postérité, car c'est le cri suprême du peintre qui s'en va dans l'éternité avec une dernière pensée de ce qui fut le but de sa vie. Le grand paysagiste couronna sa longue et belle carrière par un mot admirable qui peint l'artiste mieux que ne pourrait le faire l'écrivain qui entreprend son apothéose. On dit qu'à la dernière heure, le moribond mesura rapidement toute la vie parcourue comme dans une vision du passé. La fin de Daubigny semble confirmer cette légende. Il ne se faisait point d'illusion sur le dénouement prochain; il l'envisageait sans faiblesse comme sans forfanterie, ni révolte, ni défaillance devant l'éternel problème de la mort. A travers les spasmes derniers, sa pensée allait vers ses compagnons de gloire qui l'avaient précédé.

« Adieu, dit-il, adieu! je vais voir là-haut si l'ami Corot m'a trouvé des motifs de paysage. »

Sur cette dernière pensée pour son art, Daubigny rendit le dernier soupir.

Ainsi, à quarante années de distance, la mort qui vient le frapper en 1878 trouve le septuagénaire préoccupé de la pensée artistique, comme à l'époque de son premier envoi au Salon, qui remonte à 1838; l'amitié particulièrement intime qu'il avait vouée à Corot, son aîné, ne s'est pas démentie un instant; comme au jour du début, la pensée du peintre va, dans l'agonie, vers celui des grands paysagistes qu'il affectionnait entre tous; il va, pense-t-il, retrouver dans l'inconnu le frère d'armes qui est parti avant lui. La mort semble alors à ce grand artiste l'affranchissement définitif; il s'éteint dans un sourire, avec l'espérance d'une vie nouvelle où, à côté de ses grands amis, il pourra définitivement réaliser le rêve de son ambition : « faire des tableaux qui ne se vendent pas ».

X

QUAND, sous la Restauration, la lithographie fut introduite en France, tous les artistes s'éprirent d'une vive passion pour cet art nouveau; le corps gras du crayon lithographique donnait des effets imprévus sur la pierre; de plus, aucun intermédiaire ne s'imposait plus entre la pensée de l'artiste et sa main pour la reproduction de ses œuvres. C'est grâce à la lithographie que Raffet, entre autres, put jeter sur la pierre les innombrables compositions qui rendirent son nom célèbre et son œuvre populaire; c'est grâce à elle que Gavarni put se révéler un maître de premier ordre dans son genre. Aucun graveur, si habile qu'il soit, ne peut donner à une reproduction le charme primesautier d'un dessin exécuté par l'artiste lui-même; les procédés mécaniques par lesquels on a tué la lithographie ne l'ont remplacée

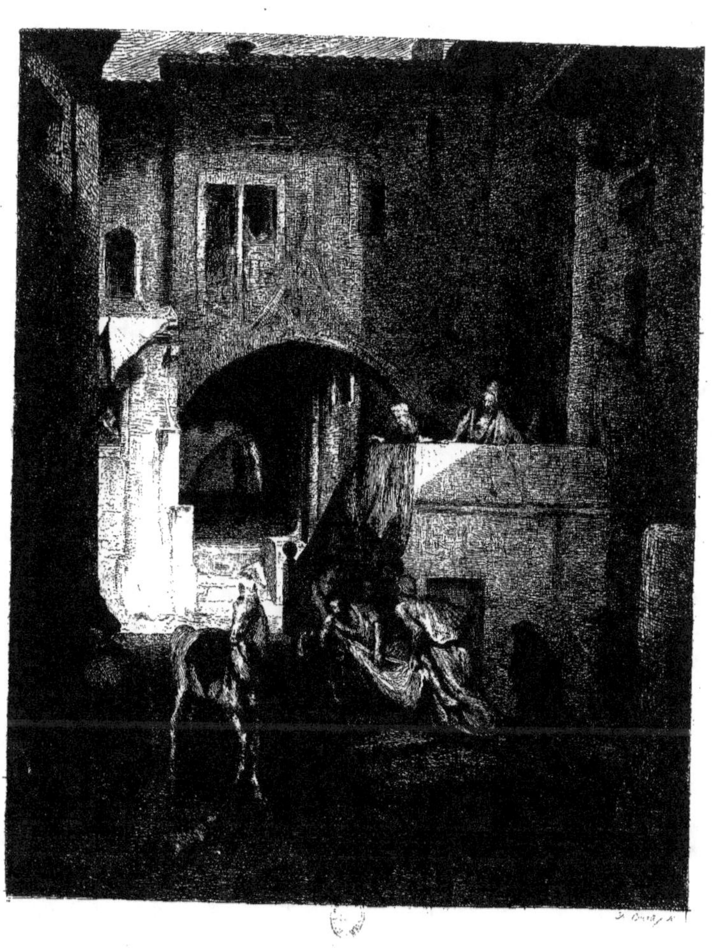

qu'à moitié; c'est, si vous le voulez, la reproduction exacte de l'œuvre, moins l'émotion de l'artiste qu'il communiquait à la pierre sur laquelle son crayon courait dans la fièvre de la pensée. Né en 1803, le jeune Decamps trouva là un champ ouvert à son imagination et une ressource pour son maigre budget de jeune homme. Comme à tous les prédestinés, le goût de l'art lui était venu sans autre effort que celui de combattre les mauvaises leçons qu'il reçut d'abord d'un modeste peintre, M. Bouchot,

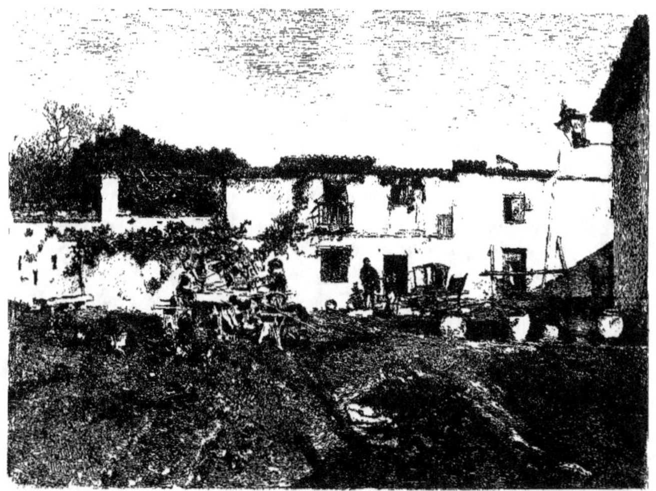

et ensuite d'Abel de Pujol, qui fut tout à fait quelqu'un sous la Restauration, en attendant qu'il ne fût plus rien du tout sous Louis-Philippe. Je ne conteste pas l'utilité d'une certaine éducation primaire en art, mais, si l'on veut se rendre compte que la chose apprise reste toujours une chose inférieure quand l'homme n'y ajoute pas sa pensée propre, on n'a qu'à suivre la vie des grands peintres à qui cet ouvrage est consacré; aucun de leurs professeurs ne peut se vanter d'avoir eu la moindre influence sur leur vie.

Un artiste vraiment digne de ce nom subit toujours le choc des grands événements contemporains. Decamps se sentit enflammé par les combats

pour l'indépendance du peuple grec, qui mirent en émoi le monde tout
entier, en même temps qu'ils évoquèrent dans tous les arts la passion pour
l'Orient.

Avec ses maigres ressources, il partit, le cerveau plein de la Grèce
antique et l'âme remplie d'ardeur pour l'héroïsme de la Grèce nouvelle.
Son instinct de peintre le sauva de cette entreprise périlleuse d'où un
homme moins doué et un artiste moins original fût revenu avec une
évocation de plus de l'antiquité. Une fois en Asie Mineure, le rêve s'éva-
nouit devant la réalité des choses. Decamps vit l'homme d'Orient moderne
dans son milieu ensoleillé ; il jugeait qu'il ressemblait peu à l'Oriental
fantaisiste qui, dans l'art académique, se prélassait sous des costumes de
bal masqué.

Ses premiers envois au Salon de 1831 obtinrent un succès prodi-
gieux ; ces scènes turques avaient été vues et observées par un artiste
dans l'intimité de la race. Cet art-là ne ressemblait à rien ni à personne ;
il sortait des entrailles du peintre comme une révélation ; jamais on n'avait
fixé le soleil avec une telle intensité sur la toile ; il n'était pas seulement
dans les oppositions vives de la lumière éclatante avec ses ombres noires,
il était dans la buée chaude qui enveloppe les hommes et les choses. Dès
ce moment, Decamps avait sa place particulière dans le groupe des
grands artistes dits de 1830 ; il devint le chef d'une école nouvelle qui,
après lui, s'élança dans les enchantements des pays d'Orient. Ce qui
donnait un charme de plus à ses œuvres, c'était la facture toute personnelle du peintre, large à souhait et d'une énergie telle, qu'on criait au
miracle. Pour donner plus de relief aux murailles blanches, éclatantes de
soleil, Decamps les construisit pour ainsi dire avec de la couleur ; par
un procédé dont il fut l'inventeur, il empâtait les constructions, les laissait
sécher, les grattait avec un rasoir et repeignait les murs en tirant parti
de tous les hasards de ce travail curieux qui, à la vérité, tout en n'étant
qu'une jonglerie, donnait aux murs peints par Decamps la solidité de la
bâtisse. On a beaucoup imité cette façon particulière de peindre certaines
choses dont Courbet s'empara ensuite pour pétrir la couleur sur la toile
avec un couteau à palette.

Les *Murs de Rome* et la *Rue au Village* représentaient à l'Exposition
des Cent Chefs-d'Œuvre cette facture particulière de Decamps, comme la
Sortie de l'Ecole peut être considérée comme le plus brillant spécimen de
ses tableaux d'Orient ; les hautes préoccupations qui ramenèrent sans
cesse Decamps vers les sujets bibliques se montrent dans le *Bon Samaritain*, qui est une page remarquable. Toutefois, pour l'observateur attentif

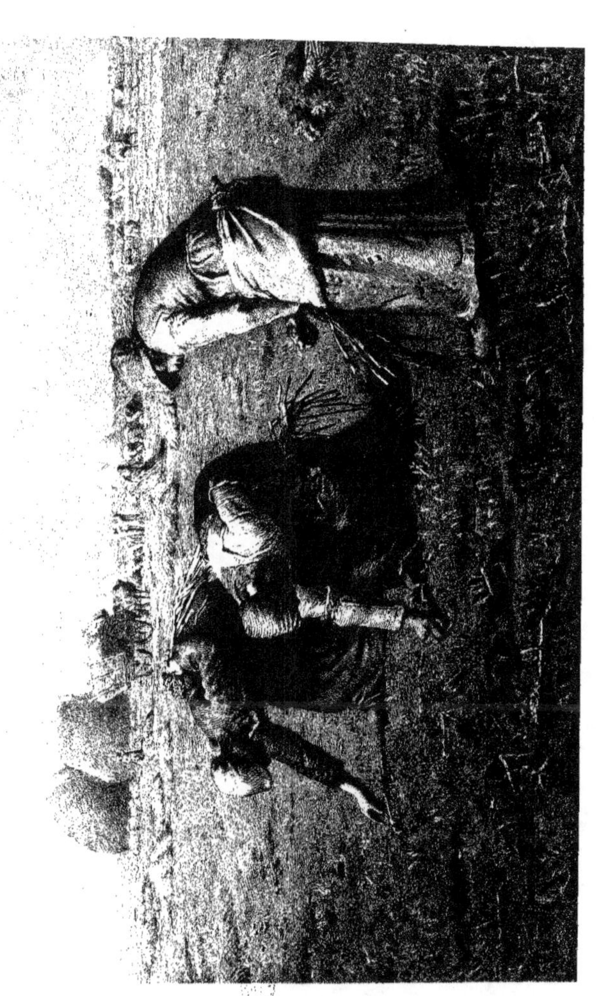

de l'œuvre de Decamps, il convient de dire qu'il abuse parfois des oppositions violentes avec plus de vigueur que de délicatesse. Ce reproche que lui fit la critique du temps, à travers les justes éloges qu'elle lui décernait, fut particulièrement pénible au peintre. Decamps, dont les traits furent à ce point énergiques, qu'à première vue on le prenait pour un soldat, se déroutait facilement. Un autre point dont il souffrait fut qu'on attachait moins d'importance à ses compositions historiques qu'à ses scènes turques.

Dès ses premiers succès, Decamps fut définitivemeut classé comme

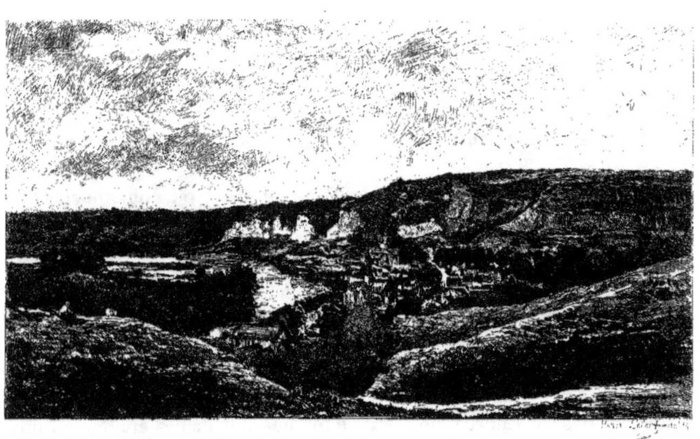

un peintre de l'Orient; il n'est pas douteux que sa grande influence se fait sentir surtout dans les toiles orientales de Diaz. Ses œuvres venaient facilement, sans effort apparent : elles se suivirent avec une rapidité vertigineuse. L'homme était pensif; de sa première jeunesse, qui s'était écoulée dans les champs, il avait conservé une certaine rêverie qui, des réalités de l'Orient, le jeta dans les légendes bibliques; il souffrait un peu, au milieu de ses succès, d'être pour ainsi dire condamné à perpétuité au tableau de genre oriental; il avait déjà jeté sa fameuse *Bataille des Cimbres* à travers la production des petites toiles; maintenant il apparaît subitement au Salon avec ses admirables fusains tirés de l'histoire de Samson, et plus tard avec une série de dessins inspirés par le Nouveau Testament. Le succès d'artiste de ces véritables œuvres d'art fut

considérable, mais le public y prit moins de plaisir; les pages ensoleillées
de l'Orient étaient plus près de son jugement que les sévères compositions, parmi lesquelles le Samson s'ensevelissant avec les Philistins sous
les décombres du palais peut être considéré comme la plus haute expression de la pensée de Decamps aspirant vers le plus grand art.

Decamps était doux et simple comme tous les grands artistes de son
temps. Ils vivaient peu au dehors; la foule ne connaissait que leurs
œuvres; leur personne se renfermait dans les intimités de la vie; ils avaient
à ce point la crainte d'être troublés dans leur art par le bruit du dehors,
qu'ils vivaient calfeutrés dans leur atelier, dont la porte ne s'ouvrait qu'aux
amis. Comme Delacroix et Millet, Decamps s'enfuyait loin de Paris; la
solitude de la campagne le charmait et l'attirait; il y avait humé les
premiers principes de son art, et il souhaitait toujours retourner dans
le milieu de sa première jeunesse, soit que l'artiste fût mécontent de
n'avoir pas la grande situation de peintre d'histoire, soit lassitude de son
esprit.

Decamps, sur le tard, s'exila de Paris; il n'y fit plus que de courtes
apparitions; ses meilleurs amis n'osaient plus lui présenter un étranger :
il avait arrêté la liste de ses relations et ne voulut plus la rouvrir pour qui
que ce fût. Il passait une partie de sa vie, seul, à cheval, sous les grands
arbres de Fontainebleau et suivi de ses chiens, qu'il a si admirablement
peints. Si l'on va au fond de ces retraites d'artistes acclamés, on y trouve
toujours la même cause, un froissement d'orgueil souvent démesuré. La
place que ses contemporains avaient faite au peintre dans leur estime ne
lui suffisait pas : les pures gloires de quelques-uns de ses contemporains
le troublaient; il reconnaît lui-même, dans une sorte d'autobiographie, que
son ami, le baron d'Ivry, le tirait souvent de son apathie et de son dégoût :
cette confession explique l'état de son esprit et le motif de son isolement.
Mais cette amertume même ne plaide-t-elle pas pour le grand artiste qui,
au lieu de se reposer dans les délices de la renommée conquise, cherchait
à s'élever au-dessus de son œuvre passée? Malheureusement, avec la
misanthropie qui, peu à peu, envahit son esprit, Decamps perdit la clairvoyance et la naïveté du travail. A l'âge où l'artiste est toujours dans la
plénitude de son talent, c'est-à-dire avant la soixantaine, le temps d'arrêt,
précurseur d'une décadence certaine, est déjà marqué dans son œuvre.
Le Destin ne voulait pas que ce beau peintre eût la vieillesse désolée
dans l'abandon. Dans une chasse à courre, le cheval ombrageux que
montait Decamps s'emporta et le jeta si malheureusement contre un
arbre, que trois heures après l'accident, le peintre mourut. L'art français

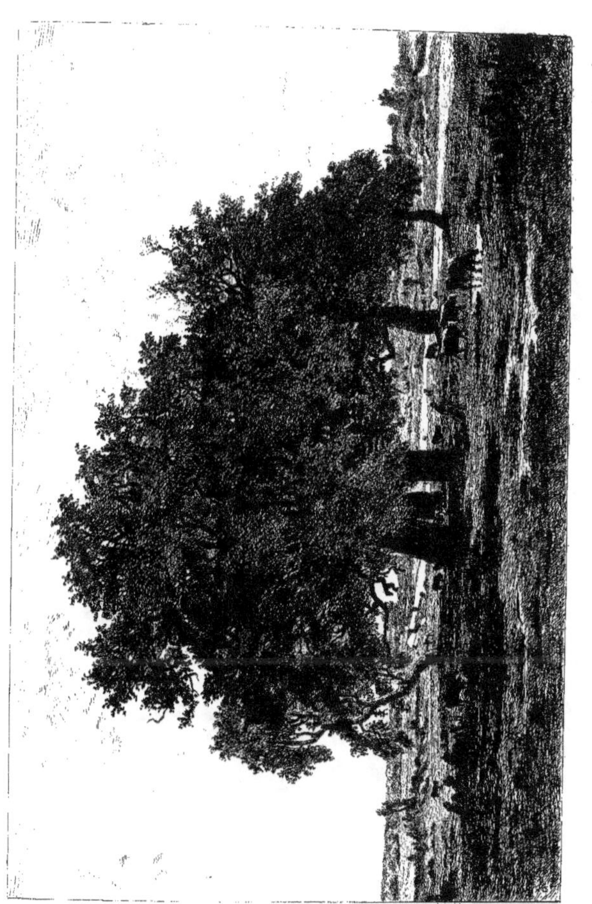

de la première moitié de ce siècle a inscrit le nom de Decamps sur son livre d'or et comme complément du choix de peintres de race qui font de la phalange, dite de 1830, une des plus belles réunions d'artistes supérieurs dont un temps peut s'enorgueillir.

XI

ET admirable groupe de peintres qui a jeté un si grand éclat sur l'art français compte des hommes de premier plan dans tous les genres. Peintres d'histoire ou de genre, paysagistes, fantaisistes, hommes d'imagination et de pensée, virtuoses de la palette et observateurs sincères de la Nature, tous ces hommes forment dans l'ensemble comme la quintessence du génie artistique de la France. On a vu successivement, dans ces rapides esquisses, quels maîtres de second ou de troisième plan ont, devant la postérité, la gloire d'avoir entendu les premiers bégaiements de ces illustres ; tous, sans exception, se sont formés au contact direct avec la Nature, après avoir secoué les influences qui ont pesé sur leur jeunesse misérable. Tour à tour, j'ai nommé les inférieurs à qui fut confiée la première éducation artistique de ces peintres, qui, tous, devaient avoir du génie dans leur genre : le premier maître de Troyon s'appelait Riocreux, un obscur, comme tous les téméraires qui se figuraient pouvoir façonner à leur image les grandes étoiles qui se levaient sur l'art français. Comme Jules Dupré, le grand animalier Troyon a passé sa première jeunesse dans une manufacture de porcelaine ; comme le grand paysagiste, il a préludé à sa gloire par cette peinture particulière qui, dans son exécution méticuleuse, est l'antithèse du grand art. Le magnifique peintre de tant de chefs-d'œuvre a pâli sur des assiettes jusqu'au jour où, devinant sa vocation véritable, il prit son vol.

Constant Troyon n'avait pas vingt ans quand il dit un éternel adieu à la Manufacture de Sèvres. Où allait-il? Droit devant lui, sans direction arrêtée ; partout où la nature se révélait à son jeune esprit, il fit une halte ; quand il avait faim, il offrait ses services au premier porcelainier qu'il rencontrait sur sa route, et aussitôt que, par cet humble travail,

il avait conquis la liberté pour quelques semaines, il reprenait son bâton
et sa boîte à couleurs et s'en allait plus loin. Tantôt artisan, tantôt artiste,
il demandait de la sorte au travail humble de porcelainier de lui faire
attendre le jour où il serait un peintre véritable.

C'est ainsi qu'on trouve chez tous les hommes la même jeunesse,
troublée par les luttes pour le pain quotidien; à l'exception de Delacroix
et de Corot, tous ont dû conquérir, à force de privations, le droit de
jeter la plus grande gloire artistique sur leur pays. Troyon, lui, n'eut

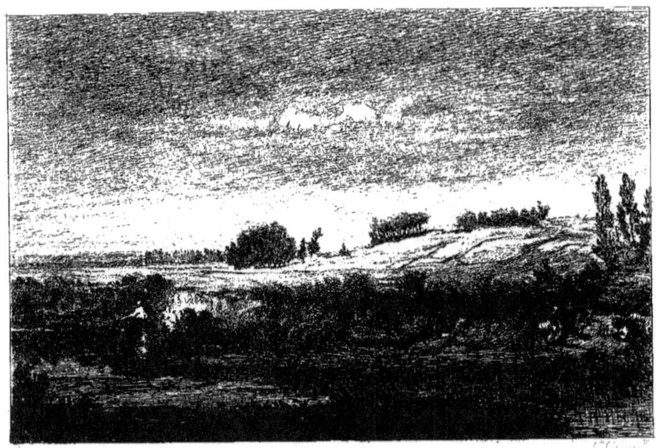

que très tard la conscience de sa vocation véritable; il voulut être
paysagiste et non animalier. Rien dans sa première manière ne put faire
pressentir la place qu'il prendrait un jour; son art porta pendant nombre
d'années les traces du pénible labeur de la peinture sur porcelaine,
comme l'esclave qui a conquis sa liberté garde les empreintes du bam-
bou qui a déchiré ses chairs; il a fallu à Troyon plus de dix années de sa
vie pour lui faire oublier ce qu'on avait enseigné à l'enfant. Ce n'est que
graduellement et fort lentement que l'artiste put se défaire des influences
de l'école de Sèvres.

Le succès vint lentement, péniblement; sans parler des premiers
paysages qui ne comptent pas dans l'œuvre, les toiles plus importantes

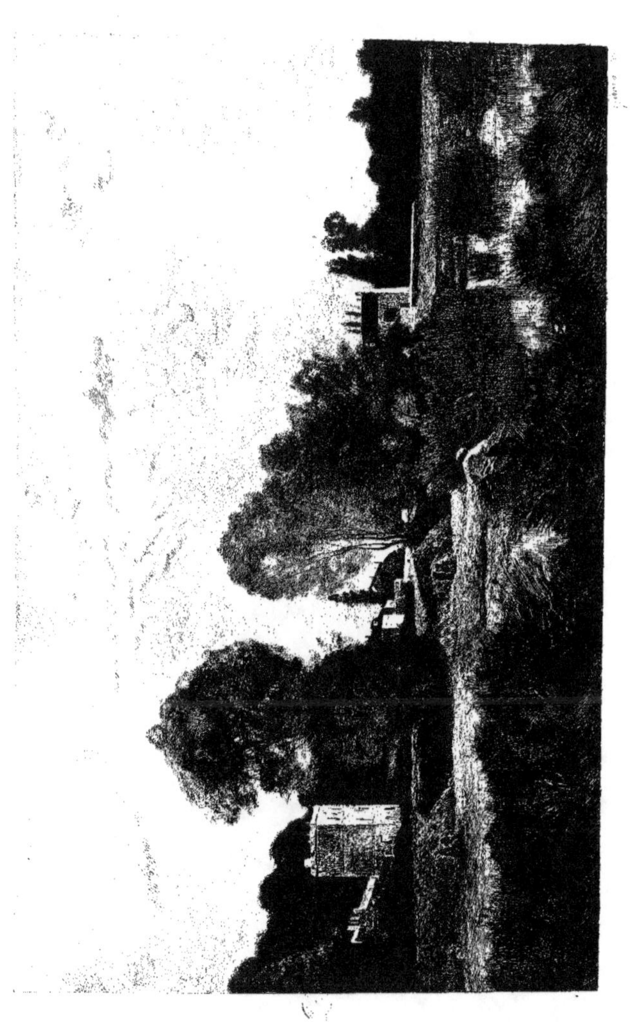

passèrent inaperçues; la situation était difficile pour le jeune paysagiste. Corot, Rousseau, Jules Dupré, Diaz et Daubigny marchaient en tête du mouvement; à travers les éblouissements encore dédaignés de leur art, Millet jetait, de temps à autre, la note mélancolique de ses sévères paysages. Troyon emboîtait le pas, comme un conscrit s'achemine derrière un peloton de soldats éprouvés. Les premières années du peintre furent hantées par la misère, qui remplit son âme d'une amertume dont elle ne put

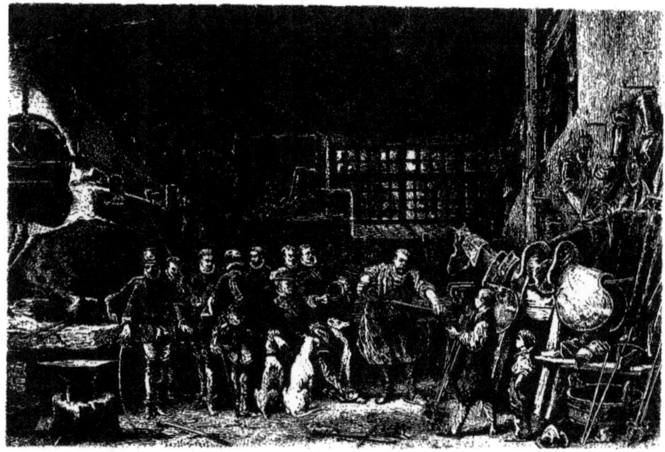

jamais s'affranchir; parvenu plus tard, par une évolution de son genre, à la gloire et à la fortune, Troyon conserva la tristesse de ces humbles commencements. En ceci, il eut tort. Ne partageait-il pas, avec les premiers paysagistes de ce siècle, les dédains du public? Avait-il plus souffert que ses chefs de file ou plus injustement qu'eux? Et, s'il faut dire toute ma pensée, si largement brossées que soient les toiles du paysagiste Troyon, auraient-elles suffi à établir sa grande renommée? Le hasard, un voyage en Hollande, lui révéla plus tard sa vocation véritable, celle d'un animalier de premier plan, servi, cette fois, par un paysagiste de très grand talent, mais non l'égal des maîtres.

Avec cette évolution du peintre qui le classe tout à coup, le succès lui vient rapidement; à deux siècles de distance, il continue les traditions des célèbres animaliers hollandais, sans les imiter. Paul Potter venait de trouver un successeur digne de lui. Dans son voyage en Hollande, Troyon avait contemplé les œuvres du grand maître, et son parti fut aussitôt pris. Comment ne s'était-il pas rendu compte plus tôt que l'art de l'animalier offrait d'inépuisables ressources à ses rares qualités de coloriste, tout en lui permettant de rester un paysagiste de haute valeur?

La surprise du public en voyant subitement surgir le grand animalier ne fut pas plus grande que celle de l'artiste en se voyant acclamé autant qu'il avait été délaissé. L'art particulier auquel Troyon se consacrait désormais était perdu alors; il reposait tout entier sur deux illustres Belges, Koeckock et Verboekhoven, la coqueluche de l'Europe, et qui sont déjà classés parmi les dédaignés, sinon parmi les oubliés; l'un peignait de petits animaux dans des paysages faits sans émotion; l'autre ne cessait de friser la laine de ses moutons avec l'attention d'un coiffeur à qui une jolie femme confie sa tête; c'était là un art léché à outrance et auquel l'exécution méticuleuse et souvent enfantine enlevait la vie que le dessin lui donnait jusqu'à un certain point. Qu'on juge de l'étonnement en voyant apparaître tout à coup les animaux vivants de Troyon, largement peints dans une coloration admirable, étudiés jusque dans les plus grands détails de chaque race, et jetés dans des paysages brossés par un maître peintre. Ce n'était plus les animaux empaillés à la mode, mais des bêtes vivantes et remuantes, s'étalant mollement au soleil, reniflant la fraîcheur matinale ou se serrant les unes contre les autres, devant l'approche de l'ouragan. La grande virtuosité de Troyon, son incomparable domination du métier lui permirent de ne reculer devant aucun effet. Dans une de ses toiles exposées aux Cent Chefs-d'Œuvre, il a peint l'arc-en-ciel se dessinant à travers les nuages encore chargés d'électricité; debout dans une mare, une grande vache, tachetée de roux, se prélasse sous le rayon de soleil. Les *Vaches à l'abreuvoir,* comme la *Vallée de la Toucques* ou *le Gué,* sont autant de chefs-d'œuvre du genre qui témoignent de la verve de Troyon et de son talent éblouissant de coloriste.

Cette évolution commença donc la carrière véritable dans laquelle le maître devait s'illustrer. Avec les honneurs, l'argent lui arrivait, sans qu'ils pussent consoler le peintre des misères et des dédains du passé; avec une amertume qui était devenue une habitude pour lui, il rendait son temps responsable de ses propres tâtonnements ou de ses débuts pénibles; sa pensée était toujours dans ses premières années, où il s'assit en désespéré sur le bord de la route, maudissant le destin cruel qui sans cesse le

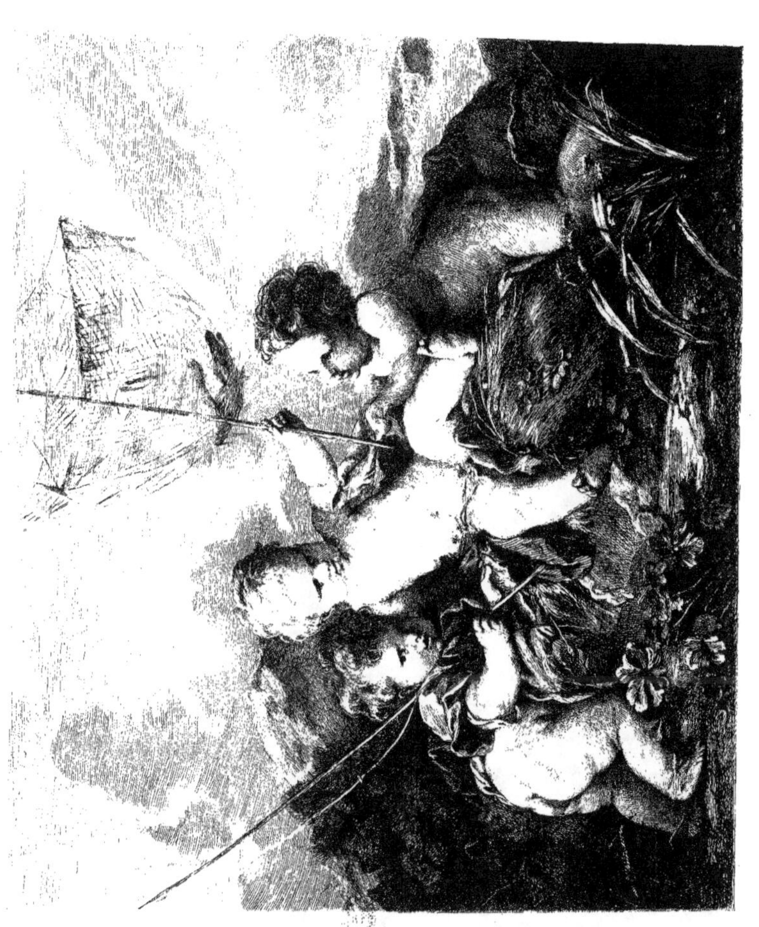

tirait violemment de ses rêveries d'artiste pour le replonger dans la lutte
pour le pain quotidien. Parvenu au sommet de sa situation, le petit porcelainier de jadis n'avait pas encore oublié les tristesses de ses jeunes années ; elles revenaient toujours dans la conversation, avec un ressentiment
très marqué contre son époque. Ici, Troyon se montra d'ailleurs ce qu'il fut
en réalité : un artiste dont toutes les qualités convergeaient vers la peinture,
mais qui, en dehors d'elle, n'était pas un esprit réfléchi capable d'en-
visager les choses de haut. Personnellement, je n'ai pas eu l'avantage

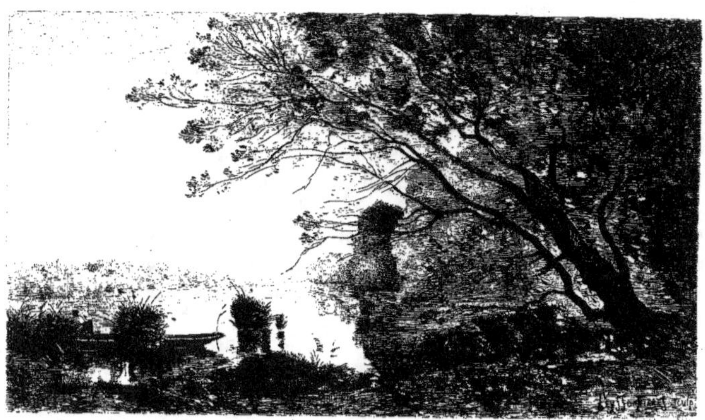

de connaître le célèbre animalier, mais je sais, par les amis qui ont vécu
auprès de lui, qu'en dehors de sa peinture, Troyon n'apportait ni observation, ni philosophie dans ses aperçus sur la vie. On avait beau vouloir
le consoler en exaltant outre mesure la situation si belle qu'il occupait,
toujours il ramenait la discussion sur le temps de misère, et il exprimait
nettement l'idée que ses contemporains, en le comblant maintenant
d'honneurs et d'argent, ne rachetaient qu'une faible part des torts commis
envers lui, Troyon.

Certes, il eût été plus digne et plus juste en même temps de ne pas
revenir sans cesse sur ces années de débuts, mais Troyon était ainsi fait :
sa nature se complaisait dans les partis pris ; les distinctions qui lui arri-
vaient de toutes parts étaient choses dues ; il n'en savait aucun gré à ses

contemporains; il avait si longtemps lutté, qu'il lui semblait que le succès
et le bien-être pourraient de nouveau lui échapper. Peut-être trouverait-on,
au fond de ce caractère, une glorification démesurée de son propre génie;
c'est pour cela que, de son vivant, il prit ses mesures pour que son nom
passât à la postérité en instituant un concours qui porte son nom et qui
assure au jeune animalier qui en sort vainqueur, la paix du travail pendant quelques années.

Autour de la mort de Troyon, s'est formée une légende d'après laquelle
il aurait succombé aux suites des ravages causés par la misère d'autrefois.
Il n'en est rien. L'admirable animalier ne pouvait accuser que son propre
tempérament excessif, si la mort l'a fauché vers la soixantaine, et alors que
tous les grands artistes qui avaient souffert autant et plus que lui, avaient
oublié les premières misères avec le premier succès. La pauvreté ne tue
que ceux qui ne peuvent pas se soustraire à son influence malfaisante sur
le corps et l'esprit; on n'en meurt plus quand, depuis vingt ans, on lui a dit
un éternel adieu. Troyon est mort relativement jeune parce que son tempérament l'a tué par l'excès de toutes choses, des bonnes comme des mauvaises; il a trop travaillé, il s'est trop tourmenté, et il a pris des joies de la
vie plus qu'il ne convenait; et c'est ainsi qu'il mourut à un âge où, mieux
avisé, il eût pu avoir encore devant lui de longues années de travail et de
gloire.

XII

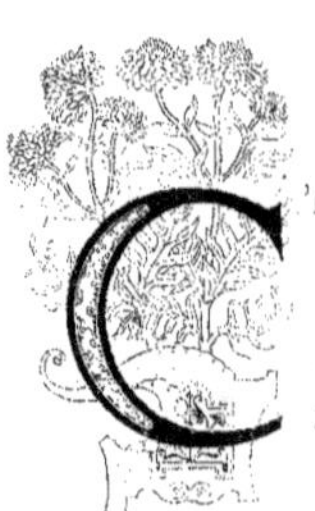

'EST en tête de ces études que serait la place véritable de
Géricault, car son génie marque le point de départ de
la révolution qui s'est faite dans l'art français, au commencement de ce siècle. Mais ce grand artiste, mort si
jeune, n'était représenté aux Cent Chefs-d'Œuvre que
par une seule étude de *Hussard à cheval*, une merveille de couleur et d'énergie; ses œuvres sont rares,
car sa vie a été courte, et les belles pages que conserve le Musée du
Louvre en ont absorbé une partie. Cependant, il n'est pas possible de
mettre le mot « *fin* » à ces esquisses de la vie des illustres peintres de ce
siècle, sans remonter au précurseur qui leur a montré la route. — Tous

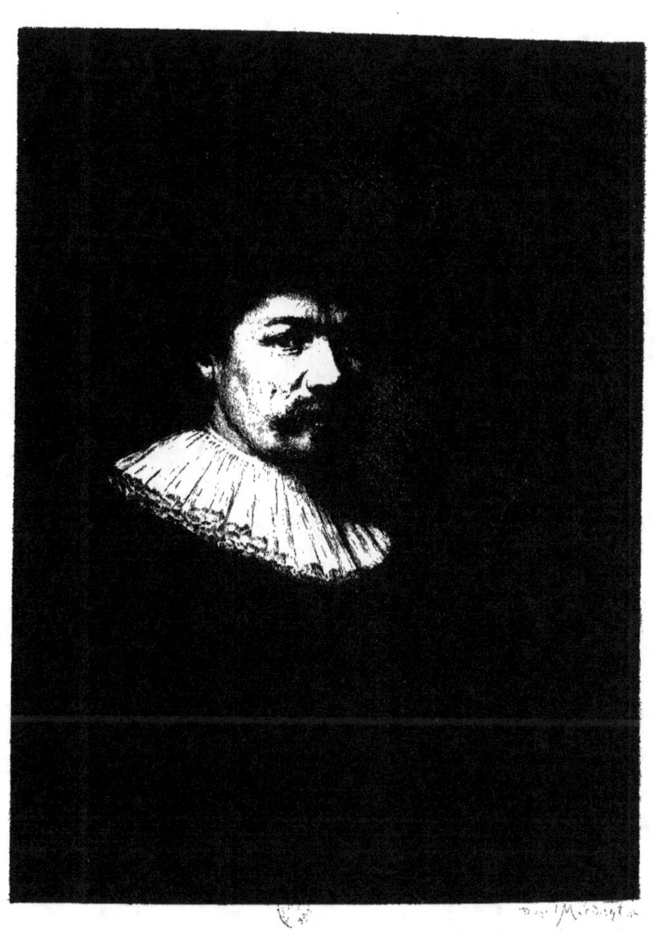

sont plus ou moins redevables à Géricault de l'enthousiasme de leur jeunesse qui fut le premier agent de leur propre gloire.

   Quand on veut résumer l'histoire de la peinture française en ce siècle,
marquer le point de départ de son évolution et montrer sa gloire dans toute
sa plénitude, aussitôt Géricault surgit dans la pensée et son œuvre apparaît comme la plus haute expression de l'art français à la fin de ce siècle,
comme il en fut l'espérance au début. Il n'est pas difficile d'établir l'in-

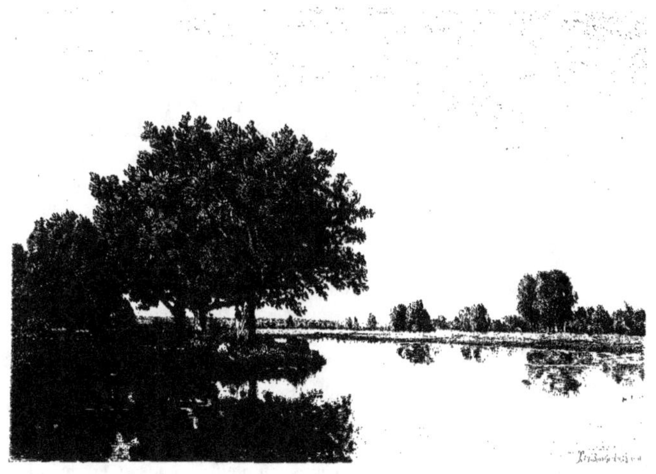

fluence de Géricault sur ceux qui sont venus après lui : entre le *Radeau de la
Méduse* et l'*Entrée des Croisés à Jérusalem*, la parenté intellectuelle est visible.
Eugène Delacroix fut l'héritier direct de Géricault. C'est dans l'œuvre de
ce précurseur qui lui prodigua, on le sait, les premiers encouragements, que
Delacroix puisa la passion du grand art dramatique par lequel il devait se
placer, grâce à d'autres qualités, au niveau du maître. La plus grande œuvre
sculpturale de ce siècle, *la Guerre,* que Rude a taillée dans l'Arc de triomphe,
évoque, elle aussi, le souvenir de Géricault par la fougue et la grandeur de
sa conception. Quant aux autres artistes, dits de 1830, ils sont tous sans exception redevables à Géricault d'une partie de leur renommée, car c'est son

exemple qui a donné aux jeunes gens de son temps le courage de remonter
le courant; il leur a enseigné le mépris de l'art de la convention triomphante,
l'amour d'une peinture émue et l'audace d'accomplir la révolution intellectuelle qui devait jeter un si grand éclat sur notre siècle. Et, ici, je parle
sans distinction des peintres d'histoire, de genre ou des paysagistes; l'âme
de Géricault plane sur les uns et les autres ; on la découvre dans la hardiesse de Rousseau, l'impétuosité de Jules Dupré, et jusque dans l'œuvre
de Millet. Tous ces maîtres venus après le précurseur ne lui ressemblent
pas, mais ils ont puisé l'essor de leur pensée dans le génie du plus grand.
Celui qui, par le côté extérieur de son art, rappelle le moins le souvenir de
Géricault, s'appuie encore sur lui par la pensée dominante de son œuvre.
Le Cuirassier blessé et *le Vigneron* sont sortis d'un même ordre d'idées, d'un
même désir de montrer en une seule figure le vaincu de la vie. Géricault
le personnifia en ce cavalier du Louvre, parce que son esprit s'était nourri
de l'épopée impériale et que les revers de Napoléon furent pour lui le coup
cruel qui le frappa au cœur. Millet, venu sous le règne bourgeois de
Louis-Philippe, alors que les regards se tournaient vers les ouvriers, devint
le peintre des vaincus du labeur, comme Géricault fut le peintre des vaincus de la gloire; en dehors de cette idée fondamentale qui se dégage de
l'œuvre de chacun, aucun point de contact entre eux, mais cette parenté
spirituelle suffit pour marquer même l'influence de Géricault chez celui
des grands artistes de 1830 qui lui ressemble le moins. A tous sans exception, Géricault a enseigné à être grand et à rester simple.

Géricault n'est pas seulement la plus haute expression de l'art français en ce siècle, il est un des plus grands artistes qui aient existé. Ce
qui nous reste de son génie nous permet de mesurer l'apothéose à laquelle
il fût parvenu si la mort ne l'avait pas frappé en pleine jeunesse. Géricault
était âgé de vingt et un ans quand il signa l'admirable *Chasseur de la Garde*
dans lequel il incarna la gloire militaire. Quel maître pourrait se vanter
d'avoir enseigné à ce jeune homme cet art si fier, si indépendant et en telle
opposition avec la production du temps, que l'œuvre fut jugée scandaleuse?
Son professeur, Guérin, qui d'ailleurs avait plusieurs fois conseillé au jeune
Géricault de choisir une autre carrière, se voila la face et se couvrit de
cendres! Quel chagrin pour lui de voir son élève mépriser les mauvaises
leçons de la routine académique et peindre avec son âme tout entière
cette figure dans laquelle se reflète l'impétuosité de la jeunesse en même
temps que l'enthousiasme pour la gloire militaire! Ce grand art sortait
tout armé d'une cervelle d'artiste sans avoir passé par le laboratoire de
l'école. Le jeune Géricault jugeait avec raison qu'il était pour le moins su-

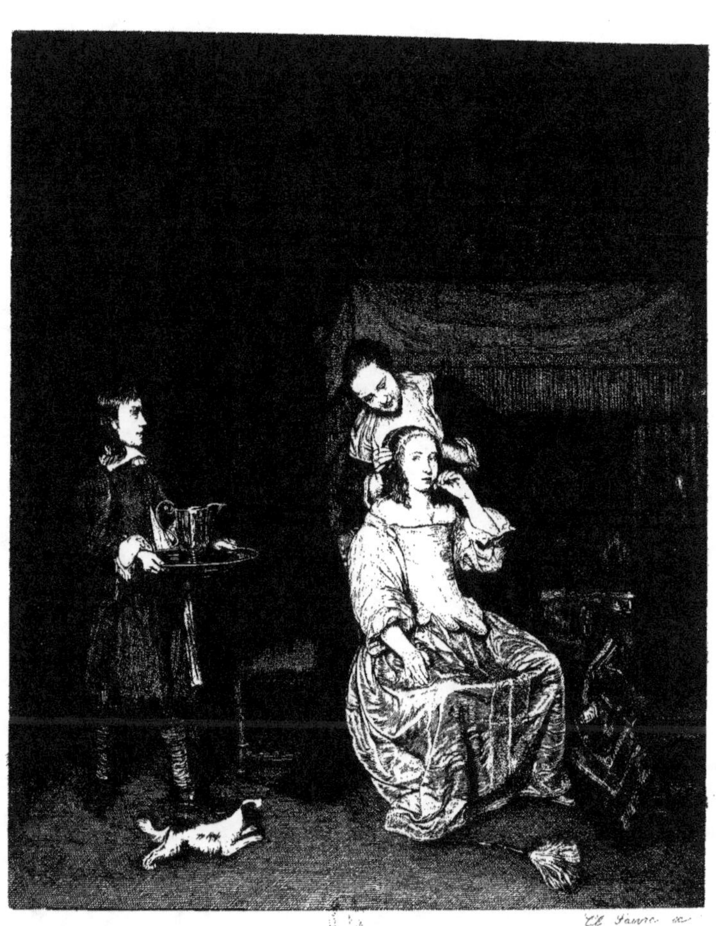

perflu de perdre son temps chez les peintres de second plan ; ils s'appuyaient sur les ancêtres italiens, disaient-ils, mais les toiles des maîtres au Louvre, devant lesquelles le jeune homme s'arrêtait attendri, lui prouvaient que l'art servile, emprunté aux ancêtres, n'était qu'un faux art et que, s'il est toujours bon qu'un jeune homme contemple les chefs-

d'œuvre, le plus grand malheur qui puisse lui arriver est de renier son propre esprit dans l'adulation de la pensée des autres. Géricault s'inspira donc des grands maîtres, mais il ne s'y laissa pas absorber par les œuvres du passé au point de renoncer à jamais à son inspiration propre. Le jeune grand peintre s'en alla en Italie, bien décidé à ne pas se laisser absorber par les chefs-d'œuvre anciens. Tel qu'il partit il revint, l'esprit encore mûri par la contemplation,

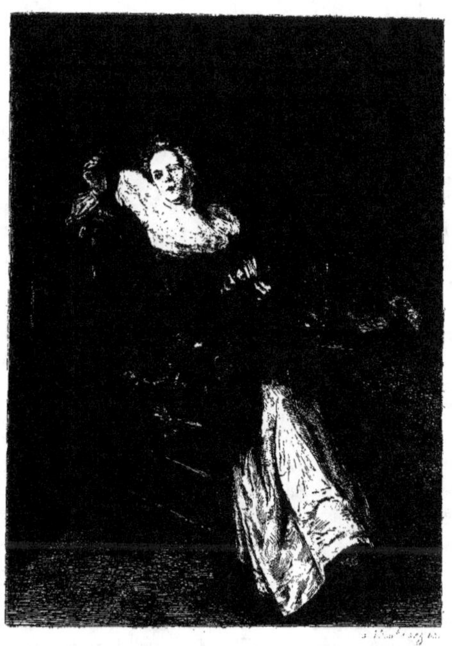

mais sans qu'il se fût détourné un instant de son propre art. Avant son départ, il avait peint le *Chasseur de la Garde ;* à son retour, il signa le *Cuirassier blessé,* une œuvre admirable de fougue, d'indépendance et d'expression dramatique, mais surtout une œuvre française qui n'avait rien emprunté à l'Italie ; peu de temps après, Géricault exposa le *Radeau de la Méduse,* cette page admirable de vie, de mouvement, de

science et de mise en scène que tout le monde connaît. Le jeune homme
de vingt-huit ans qui avait peint ce drame émouvant était tout simplement
un des plus grands génies dont l'histoire de l'art ait enregistré le nom.
Mais ce furent précisément cette audace de la conception et cette énergie
de l'exécution qui lui aliénèrent les sympathies des esprits froids et réflé-
chis : ce fut le début de cette longue lutte contre la convention en art dont
Géricault fut la première victime ; son œuvre fut malmenée et délaissée, si
bien qu'il l'emporta en Angleterre et qu'il semblait vouloir à jamais fuir
l'ingrate patrie. De l'autre côté de la Manche, le public était déjà préparé
aux éclosions de l'art vivant ; les paysagistes anglais du temps de la Restauration en avaient donné le premier exemple ; le *Radeau de la Méduse*
fit sensation à Londres, et on peut dire que la gloire de Géricault a pris
son vol des bords de la Tamise avant de s'asseoir dans sa plénitude aux
bords de la Seine.

La mort même de ce grandissime artiste, causée par une chute de
cheval, ne désarma pas ses adversaires : ce ne fut qu'après de longues hésitations que l'Etat, dont le goût en art s'appuie de tout temps sur ceux qui
le représentent officiellement, se décida à acquérir, moyennant six mille
francs, le chef-d'œuvre qui demeure un éternel orgueil pour la peinture
française. Géricault entra au Louvre contre le vœu du Gouvernement et de
l'Institut, parce que tous les jeunes hommes l'imposèrent par leur enthousiasme pour le grand artiste qui devait mourir à trente-quatre ans sans
avoir connu la consécration de son nom. On fit de belles funérailles au
peintre et on peut dire que, de sa tombe, Géricault fut encore plus redou-
table que de son vivant, pour les inférieurs triomphants qui l'avaient combattu ; toute la jeune génération se groupa autour de son souvenir ; on peut
réellement affirmer de cet admirable artiste que son âme était restée debout dans l'anéantissement du corps ; elle planait maintenant et à jamais
sur l'art français, enflammant la nouvelle génération pour l'amour du
Grand et du Beau: son nom devint le cri de guerre et son œuvre le drapeau
qui mena la génération dite de 1830 à la victoire définitive et à l'apothéose d'une des plus belles époques d'art dont un peuple puisse s'enorgueillir.

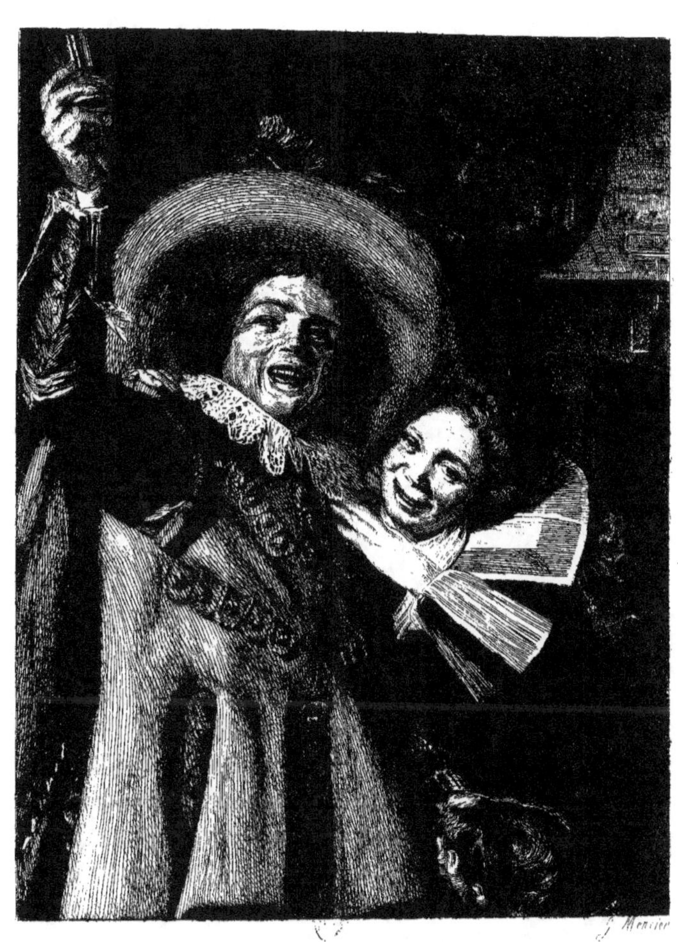

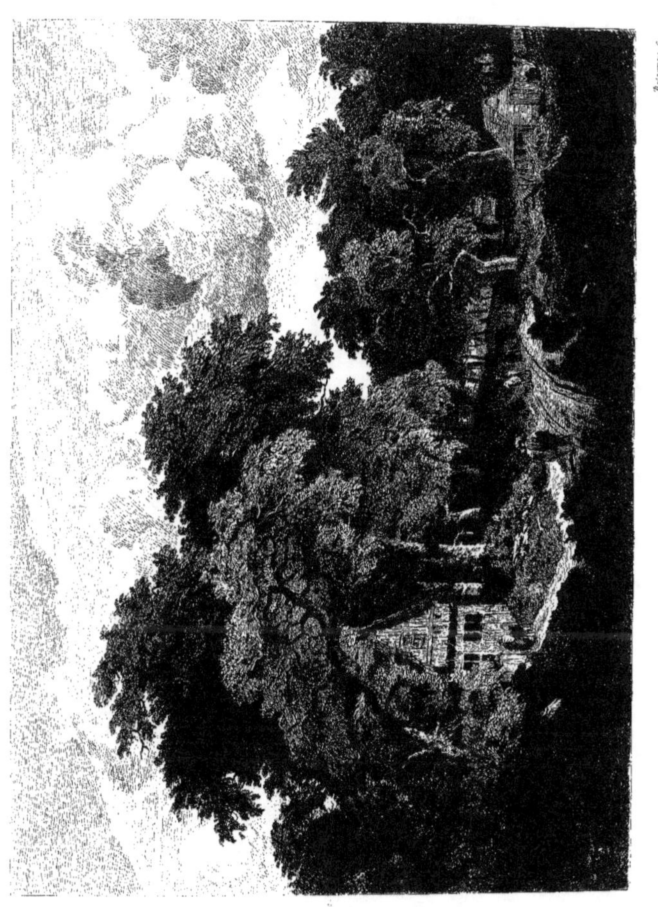

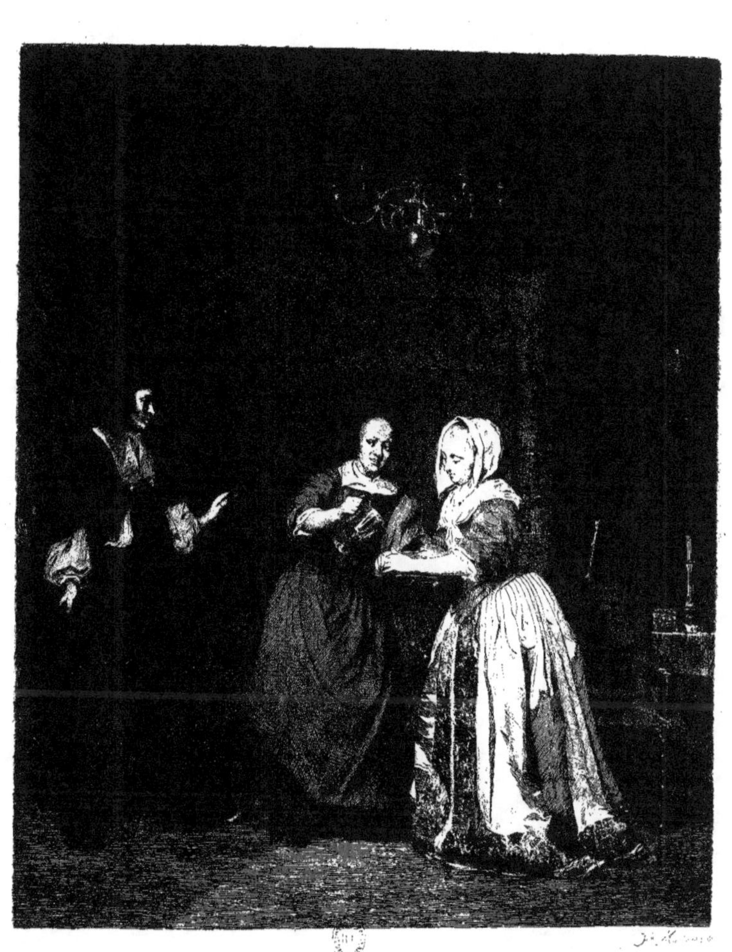

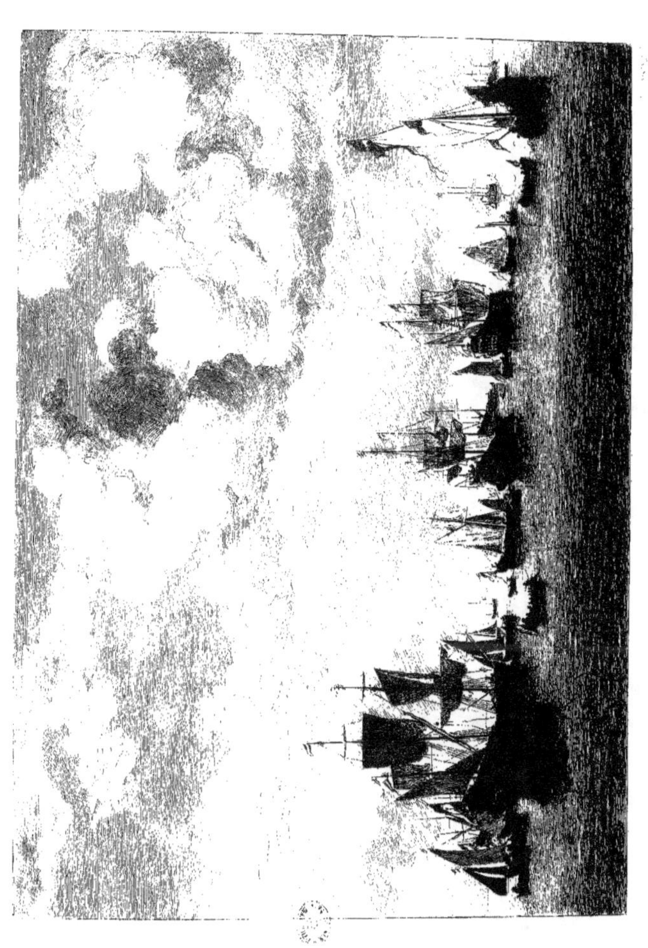

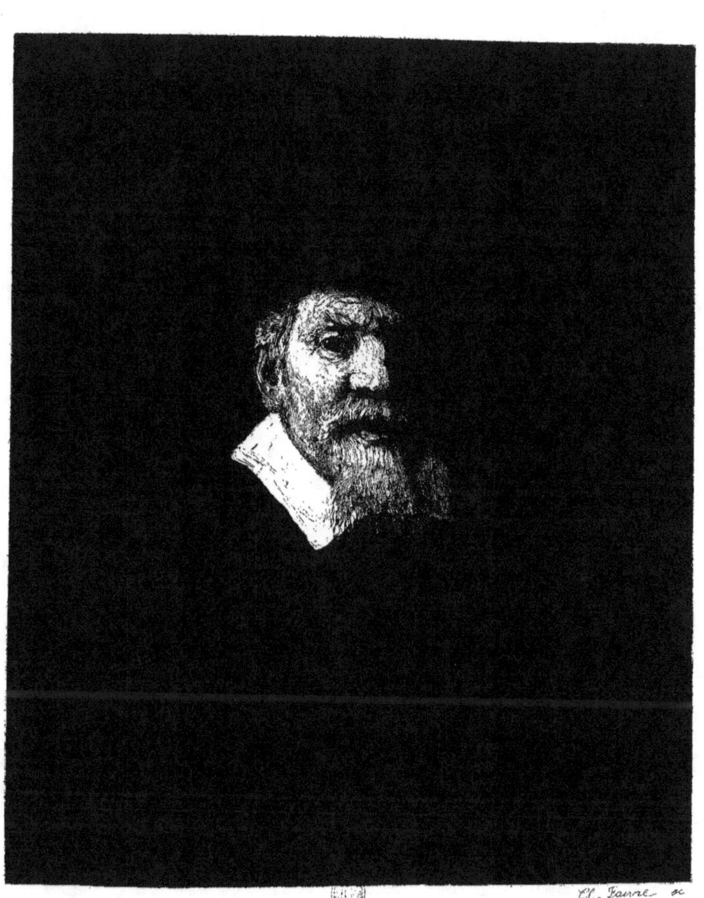
Cl. Faure sc

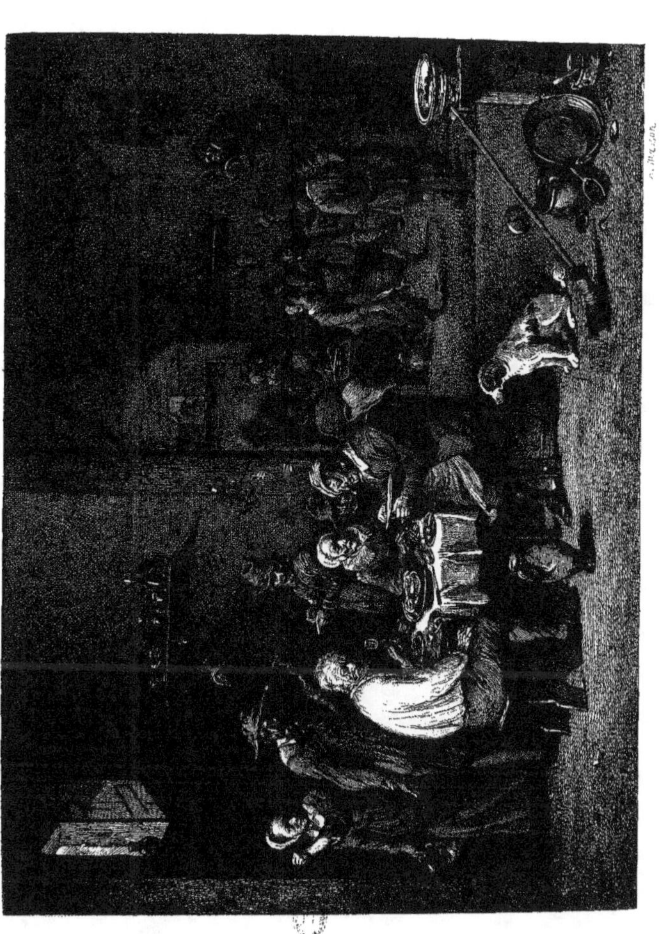

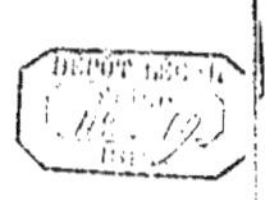

TABLE

DES

TABLEAUX MODERNES

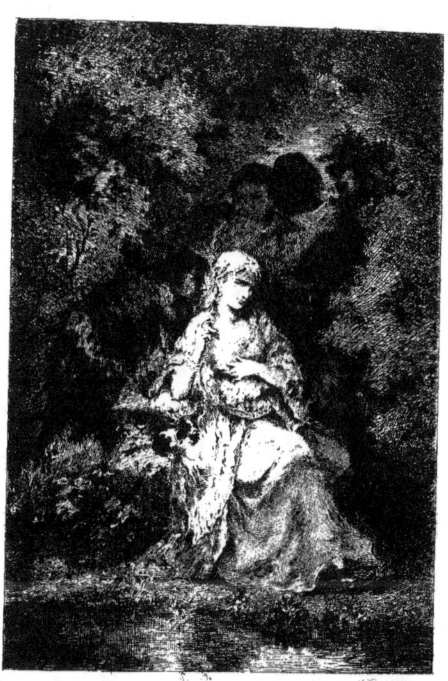

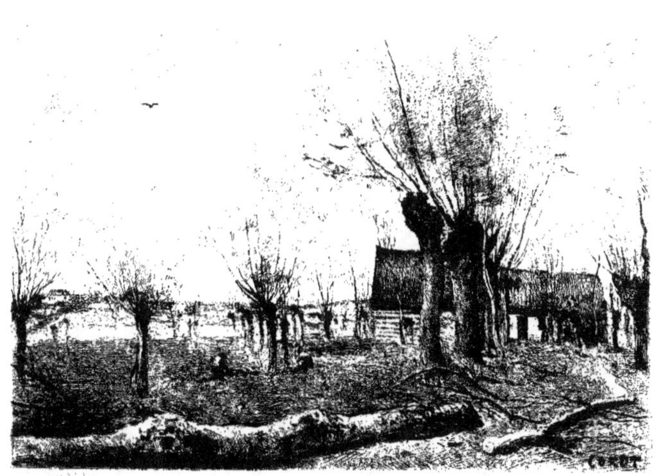

TABLE DES TABLEAUX MODERNES

COROT

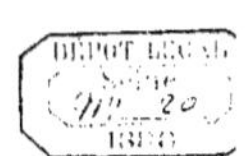

A travers les arbres du premier plan, on aperçoit la rivière et le bord opposé, tout bordé de maisonnettes aux toits rouges.

Appartient à M. de Saint-Albin. Hauteur, 45 cent. — Largeur, 37 cent.

De grands roseaux flexibles couvrent une partie de l'étang. A gauche, la berge en pente douce est semée de jeunes arbres qui abritent la rive; plus loin, sur l'autre berge, apparaît une maisonnette aux volets verts qui fut la demeure de Corot.

Un paysan occupé à couper des roseaux et deux femmes faisant de l'herbe donnent la vie à ce ravissant coin de paysage.

Appartient à M. Georges Dutfoy. Hauteur, 50 cent. — Largeur, 80 cent.

A droite, un gros arbre penché au-dessus d'un étang répand son ombrage sur la berge. Sur la gauche, un pêcheur dans sa barque écarte les roseaux pour retirer ses filets. Les arbres de la rive, encore noyés dans le brouillard du matin, se reflètent dans les eaux profondes.

Appartient à M. Georges Lutz. Hauteur, 40 cent. — Largeur, 70 cent.

Prairie plantée régulièrement de rangées de saules. Sur le premier plan, plusieurs troncs d'arbres coupés. On voit à droite une habitation rustique couverte d'un toit rouge, et au fond, à travers les saules, la campagne vivement éclairée par un ciel pur.

Appartient à M. Defoer. Hauteur, 32 cent. — Largeur, 44 cent.

DAUBIGNY

A gauche, sur la berge, s'étend un village vivement éclairé par un effet de soleil. Le ciel, les maisons et les arbres qui bordent la rive opposée se reflètent dans l'eau.

Hauteur, 25 cent. — Largeur, 44 cent.

Appartient à M. Roudillon.

DECAMPS

A droite, un mur vivement éclairé par le soleil; à gauche, des maisons; au milieu de la rue, une paysanne, un fardeau sur la tête, marche en tenant un enfant à la main.

Appartient à M. Ch. Leroux.   Hauteur, 32 cent. — Largeur, 40 cent.   —

Un homme en manches de chemise est occupé à tourner un pot; près de lui un enfant joue avec un chat; une femme et trois autres personnages au fond. Coup de soleil sur le mur.

Appartient à M. le prince A. de Broglie.   Hauteur, 40 cent. — Largeur, 65 cent.

Une troupe d'Arabes, montés sur des chevaux et des dromadaires, passe un petit pont, aux rayons du soleil couchant. Le fond du paysage est baigné d'une lumière chaude et dorée, sur laquelle se détachent vigoureusement les premiers plans.

Hauteur, 20 cent. — Largeur, 56 cent.

Appartient à M. le baron Gustave de Rothschild.

Au premier plan, Samson, armé de la mâchoire d'âne, lutte contre un groupe de soldats; au second plan, des hommes qui lui lancent des flèches; dans le fond, une ville entourée de hautes montagnes.

Hauteur, 83 cent. — Largeur, 1 m. 23 cent.

Appartient à M. F. Bischoffsheim.

Au milieu d'une prairie remplie d'animaux, coule un ruisseau où un jeune garçon baigne ses pieds. Derrière lui, une ânesse avec son petit ânon.

Hauteur, 13 cent. — Largeur, 20 cent.

Appartient à Mme Maurice Cottier.

Au premier plan, un pont jeté sur un cours d'eau. A gauche, au second plan, un pâtre garde son troupeau; au fond, une ligne de hautes murailles entrecoupées de tours. Toute la composition dans l'ombre, le ciel seul lumineux, avec de gros nuages brillants.

Hauteur, 42 cent. — Largeur, 62 cent.

Légué par M. Maurice Cottier au Musée du Louvre.

Des serviteurs portent le blessé vers un escalier, tandis qu'un autre
personnage tient par la bride l'un des chevaux du Samaritain; nombreuses
figures aux fenêtres et sur le seuil du palier de l'hôtellerie; au fond, coup
de soleil sur de hautes murailles que coupe une grande galerie voûtée.

Hauteur, 93 cent. — Largeur, 74 cent.

Appartient à M. Gustave Viot.

DELACROIX

La croix occupe le premier plan; à gauche, deux personnages à mi-
corps dont l'un lève le bras dans la direction du Christ; à droite, au second plan, deux cavaliers tenant chacun un drapeau déployé à la main,
l'un rouge, l'autre jaune.

Hauteur, 81 cent. — Largeur, 65 cent.

Appartient à M. Defoer.

Il est étendu sur un tertre de gazon, la tête renversée en arrière,
regardant en l'air. Derrière lui une chaîne de montagnes avec un ciel
bleuâtre.

Hauteur, 31 cent. — Largeur, 50 cent.

Appartient à M. Albert Wolff.

Le Christ est couché, endormi au milieu de la barque, la tête entourée
d'une auréole lumineuse; un matelot debout veut carguer une voile que le
vent lui arrache. Cinq ou six autres font des gestes de désespoir à la vue
de l'ouragan qui soulève les flots.

Hauteur, 60 cent. — Largeur, 72 cent.

Appartient à M. Gustave Viot.

Au premier plan, des Arabes tirent à sec une grande barque; dans le
fond, de hautes montagnes au sommet desquelles on aperçoit une ville
éclairée par le soleil.

Hauteur, 80 cent. — Largeur, 1 mètre.

Appartient à M. S. Goldschmidt.

Il est debout au bord de la fosse, Horatio à ses côtés, une toque à
plumes inclinée sur l'oreille; tous les deux couverts d'amples manteaux;
des deux fossoyeurs, l'un est assis, vu de dos, l'autre tend à Hamlet le
crâne de Yorick.

Hauteur, 80 cent. — Largeur, 65 cent.

Légué par M. Maurice Cottier au Musée du Louvre.

Il accourt au galop de son cheval isabelle, vers un autre soldat grec vu de dos, qui, penché sur le cadavre de sa monture, tire sur une tour que l'on voit au fond. Au premier plan, un mort couché en travers.

Hauteur, 70 cent. — Largeur, 87 cent.

Appartient à M. le baron Gustave de Rothschild.

DIAZ

Des petits villageois sont venus cueillir des noisettes dans un bois. Pendant qu'un petit garçon les atteint aux branches, deux petites filles les reçoivent dans leurs tabliers.

Un coup de soleil éclaire cette charmante composition.

Hauteur, 26 cent. — Largeur, 21 cent.

Appartient à M. Ch. Leroux.

Une troupe de bohémiens, hommes, femmes et enfants, aux costumes variés et multicolores, descendent un chemin escarpé au milieu des roches. Une rangée d'arbres au feuillage jaunissant forme au-dessus d'eux une sorte de dôme qui laisse filtrer çà et là quelques longues traînées de lumière.

Au premier plan, deux chiens jouent auprès d'une mare.

Hauteur, 61 cent. — Largeur, 45 cent.

Appartient à M. Gustave Viot.

Un troupeau de vaches vient s'abreuver dans une petite mare entourée d'herbes marécageuses et de roches. À droite et à gauche, deux bouquets d'arbres ; au loin la plaine ensoleillée.

Hauteur, 16 cent. — Largeur, 24 cent.

Appartient à M. Georges Lutz.

Au milieu d'une vaste clairière où poussent pêle-mêle des bruyères et des herbes de toute nature, une petite mare reflète le ciel. À droite et à gauche, de jeunes chênes vigoureux dont le feuillage se détache sur un ciel semé de légers nuages. Au fond, une barrière donnant accès dans une autre partie de la forêt.

Daté 1869.

Hauteur, 82 cent. — Largeur, 1 m. 10 cent.

Appartient à M. Boucheron.

Une jeune femme, assise sur un tertre, écoute un récit d'amour. Derrière, un jeune couple debout se tient enlacé. Un amour est à demi caché sous le feuillage.

Au premier plan le bord d'un étang.

Hauteur, 30 cent. — Largeur, 21 cent.

Appartient à M. X.....

DUPRÉ

(JULES)

Une large rivière, mais peu profonde, est traversée par un nombreux troupeau de vaches. Un âne et un cheval ferment la marche sous la conduite de deux paysans. Sur l'autre rive plantée de beaux arbres, sont déjà parvenus quelques animaux qu'on aperçoit comme des points blancs et roux.

Hauteur, 35 cent. — Largeur, 61 cent.

Appartient à Mme Adolphe Moreau.

Hauteur, 70 cent. — Largeur, 1 m. 20 cent.

Appartient à M. F. Bischoffsheim.

Un ruisseau presque à sec longe un talus planté de grands arbres, une paysanne en jupe rouge vient de puiser de l'eau.

Le ciel est chargé de beaux nuages roux, qui se dorent au milieu du bleu de l'infini.

Hauteur, 33 cent. — Largeur, 28 cent.

Appartient à Mme William Hooper.

FORTUNY

Hauteur, 50 cent. — Largeur, 80 cent.

Appartient à M. Stewart.

Hauteur, 26 cent. — Largeur, 10 cent.

Appartient à M. Albert Goupil.

Ce tableau représente une sorte de cérémonie religieuse au Maroc.
La foule s'est arrêtée au fond d'un caveau éclairé par une large baie.
Le lion que l'on promène est maintenu par quatre vigoureux Arabes, tandis que plusieurs forcenés, revêtus d'écharpes multicolores, exécutent une danse échevelée en tirant des coups de fusil.

Appartient à M. Stewart.
Hauteur, 50 cent. — Largeur, 65 cent.

Devant un bassin creusé au milieu d'une vaste cour, se dresse une porte monumentale donnant accès à un intérieur mauresque.
Deux misérables, condamnés au supplice de la cangue, sont couchés sur le dos, le visage exposé au soleil, sous la surveillance d'un gardien accroupi sur la dalle.

Appartient à M. Stewart.
Hauteur, 75 cent. — Largeur, 59 cent.

Deux Indous, l'un couché à plat ventre sur un tapis, l'autre accroupi, assistent au repas d'un serpent placé devant eux. Le reptile étouffe dans ses replis un lapin dont la tête commence à disparaître. Un troisième témoin regarde cette scène d'un œil indifférent, c'est l'oiseau sacré appelé marabout.

Appartient à M. Édouard André.
Hauteur, 60 cent. — Largeur, 1 m. 35 cent.

Dans une cour de ferme dont les maisons sont vivement éclairées par un soleil ardent, cinq buveurs sont attablés, chantant et causant; deux ou trois personnages les regardent. A droite, dans l'ombre, de grandes jarres de terre, et autour de la table, poules et coqs viennent picorer.
Ciel d'un bleu vif légèrement voilé de nuages.

Appartient à M. Stewart.
Hauteur, 25 cent. — Largeur, 35 cent.

FROMENTIN

Le chef de famille marche en tête. Les femmes et les enfants suivent, chargés de différents fardeaux.

Appartient à M. J. Beer.
Hauteur, 26 cent. — Largeur, 35 cent.

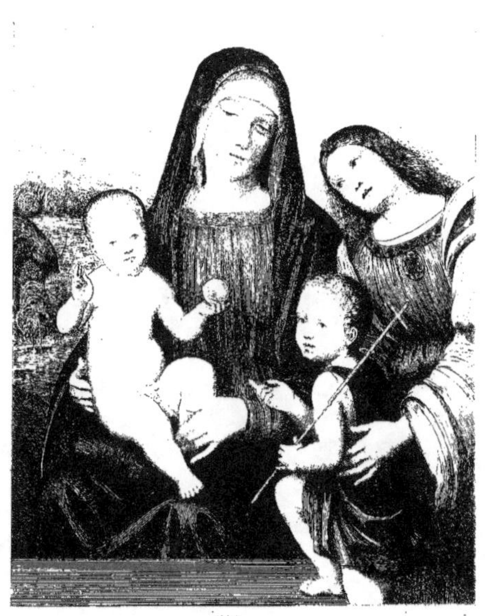

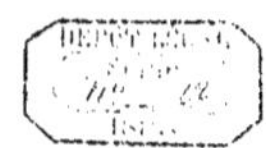

MARILHAT

MEISSONIER

et leur donne à boire. A quelque distance, un jeune homme et une jeune
fille abrités sous un parapluie rouge longent la route.

Plus loin, au tournant de la route, apparaît un carrosse lancé à fond
de train au milieu d'un tourbillon de poussière.

Hauteur, 16 cent. — Largeur, 24 cent.

Appartient à M. F. Bischoffsheim.

59. — *Polichinelle*   52

Hauteur, 16 cent. — Largeur, 09 cent.

Appartient à Mme Maurice Cottier.

MILLET

(J.-F.)

60. — *La Brûleuse d'herbes*   3

Elle est debout, au milieu de la plaine, appuyée sur une fourche, et
regarde brûler un tas d'herbes desséchées.

Hauteur, 38 cent. — Largeur, 27 cent.

Appartient à M. Defoer.

61. — *Le Parc à Moutons, la nuit*   8

Enveloppé dans son manteau, le berger, aidé de ses chiens, fait rentrer dans le parc tout le troupeau qui se presse à la porte.

Rien de plus simple que la composition de ce tableau et rien de plus
saisissant comme impression vraie. C'est l'heure à laquelle des bruits
mystérieux commencent à surgir des profondeurs de la plaine, où la lumière blafarde de la lune vient lutter avec l'ombre et donner aux objets
des formes indécises et douteuses.

Hauteur, 45 cent. — Largeur, 62 cent.

Appartient à Mme William Hooper.

62. — *La Lessiveuse*   13

Dans une pièce rustique à haute cheminée, une paysanne verse une
cruche d'eau bouillante dans une large cuve.

Au fond, brûle dans l'âtre un feu clair, dessinant les contours en rouge
et laissant les profondeurs dans une demi-obscurité, où l'on aperçoit va-
guement quelques ustensiles de ménage garnissant le haut de la cheminée.

Hauteur, 44 cent. — Largeur, 34 cent.

Appartient à M. Defoer.

63. — *La Femme au rouet*   17

Elle est assise, la quenouille à la main, les pieds posés sur son rouet.
Auprès d'elle, une corbeille remplie de pelotons de laine filée. La scène
se passe dans une modeste chambre de paysan. Au fond, une grande ar-
moire dont le panneau entr'ouvert laisse voir des vaisselles rangées en
bon ordre.

Hauteur, 37 cent. — Largeur, 29 cent.

Appartient à M. Coquelin aîné.

64. — *L'Homme à la houe* . . . .

42

Nous ne croyons pouvoir mieux faire que de reproduire un passage d'une lettre de Millet en réponse aux critiques qui assaillirent ce tableau lors de son apparition au Salon de 1863 :

« ..... Les on-dit sur mon *Homme à la houe* me semblent toujours bien étranges, et je vous remercie de me les communiquer.....

» Il en est qui disent que je nie les charmes de la campagne. J'y trouve bien plus que des charmes ; d'infinies splendeurs. J'y vois, tout comme eux, les petites fleurs dont le Christ disait : « Je vous assure que Salomon » même, dans toute sa gloire, n'a jamais été vêtu comme l'une d'elles. »

» Je vois très bien les auréoles des pissenlits, et le soleil qui étale là-bas, bien loin, par delà les pays, sa gloire dans les nuages. Je n'en vois pas moins dans la plaine, tout fumants, les chevaux qui labourent, puis, dans un endroit rocheux, un homme tout *erréné* dont on a entendu les han ! depuis le matin, qui tâche de se redresser un instant pour souffler. Le drame est enveloppé de splendeurs.

» Cela n'est pas de mon invention ; il y a longtemps que cette expression « le cri de la terre » est trouvée. »

Appartient à M. Defoer.

Hauteur, 80 cent. — Largeur, 1 mètre.

65. — *Les Glaneuses* . . . .

76

. Trois pauvres femmes, une vieille et deux jeunes, ramassent les épis perdus dans un champ qu'on vient de moissonner. Au loin, le maître et les gens de la ferme sont occupés à charger les charrettes et à faire des meules. Une lumière blonde et harmonieuse enveloppe le tableau de sa pénétrante limpidité.

Hauteur, 84 cent. — Largeur, 1 m. 10 cent.

Appartient à M. F. Bischoffsheim.

ROUSSEAU

(THÉODORE)

66. — *Bords de l'Oise* . . . .

24

Ce tableau, dans le sentiment des beaux Van Goyen, est un tour de force de coloris blond et fin. La rivière a débordé, et forme dans la campagne de grandes flaques d'eau. A gauche, un groupe d'arbres. Plus près, un pêcheur en bateau retire ses filets. Au fond, l'autre rive s'aperçoit dans la brume, semée de maisonnettes et de bouquets d'arbres.

Hauteur, 43 cent. — Largeur, 63 cent.

Appartient à M. Defoer.

67. — *La Chaumière* . . . .

25

A gauche, un sentier conduisant à une chaumière entourée d'un enclos. Derrière, un bouquet d'arbres se détachant sur le ciel. Sur le devant du tableau, un petit étang où un homme pousse sa barque. A gauche, bâtiments de ferme entourés de gros noyers, laissant voir, au fond, une échappée sur la campagne où se dresse un clocher.

Hauteur, 22 cent. — Largeur, 29 cent.

Appartient à M. Boucheron.

SCHEFFER

(ARY)

TROYON

parties la prairie. A gauche, un superbe taureau debout; à droite, quelques animaux disséminés, et deux chevaux qui traversent la plaine au galop. Au bord du ruisseau, une vache est couchée auprès d'une légère passerelle jetée au-dessus du cours d'eau.

Hauteur, 1 m. 90 cent. — Largeur, 2 m. 65 cent.

Appartient à M. S. Goldschmidt.

80. — *L'Arc-en-Ciel*. 48

L'orage est passé; au milieu des nuages sombres qui fuient vers l'horizon, se dessine un arc-en-ciel.

Debout au bord d'une mare, une vache blanche tachetée de roux est vivement éclairée par un rayon de soleil.

Hauteur, 80 cent. — Largeur, 45 cent.

Appartient à M. Gustave Viot.

81. — *Bœufs au labour*. 50

Six bœufs sont attelés à une charrue, deux par deux, et courbant la tête sous le joug; un jeune paysan dirige les premiers et les fait tourner pour reprendre un autre sillon. Un autre paysan dirige la charrue.

Hauteur, 98 cent. — Largeur, 1 m. 30 cent.

Appartient à M. Boucheron.

82. — *L'Abreuvoir*. 57

Le paysage est pris sur les bords de la Seine. Six chevaux de trait, conduits par deux garçons de ferme, entrent dans la rivière. A gauche, un joli groupe de peupliers s'enlève sur un ciel gris pommelé d'un ton fin et argenté. Au loin, sur l'autre rive, sont disséminées de nombreuses maisonnettes au milieu des arbres.

Hauteur, 40 cent. — Largeur, 60 cent.

Appartient à M. Tavernier.

83. — *Vaches à l'abreuvoir*. 65

Un groupe de cinq vaches viennent boire à la rivière. A gauche, près de la rive, une barque abandonnée. A droite, un bouquet d'arbres au-dessus d'une cabane.

Le soleil traverse les nuages et inonde de lumière la campagne à perte de vue; les eaux, qui étincellent sous ses rayons, reflètent fidèlement les nuages et la robe des animaux.

Hauteur, 40 cent. — Largeur, 60 cent.

Appartient à Mme la baronne N. de Rothschild.

84. — *Pâturage de la Touraine, près Château-Lavallière* 66

Au premier plan, deux vaches, l'une couchée, l'autre debout. Au fond, à droite, un troupeau de moutons sous la conduite d'un homme; à gauche, un groupe de trois vaches.

Daté 1853.

Hauteur, 1 mètre. — Largeur, 1 m. 25

Appartient à Mme Maurice Cottier.

Au premier plan, trois bœufs, un roux, un noir, un blond, sont venus s'abreuver dans une mare. Une barrière les sépare de la prairie voisine, dans laquelle on aperçoit de nombreux animaux que surveille un homme à cheval. L'horizon est borné par des collines.

Hauteur, 90 cent. — Largeur, 1 m. 15 cent.

Appartient à M. S. Goldschmidt.

Quatre vaches, sous la conduite d'une femme, viennent boire à la rivière; en amont, près de la rive, est un bateau avec son mât; à droite, de grands arbres.

Bien que caché par les nuages, le soleil inonde de lumière toute la campagne, les eaux étincellent sous ses rayons qui dorent le pelage des animaux. Cet effet de soleil, au travers d'un ciel orageux, est rendu avec un talent incomparable.

Hauteur, 78 cent. — Largeur, 53 cent.

Appartient à M. Gustave Viot.

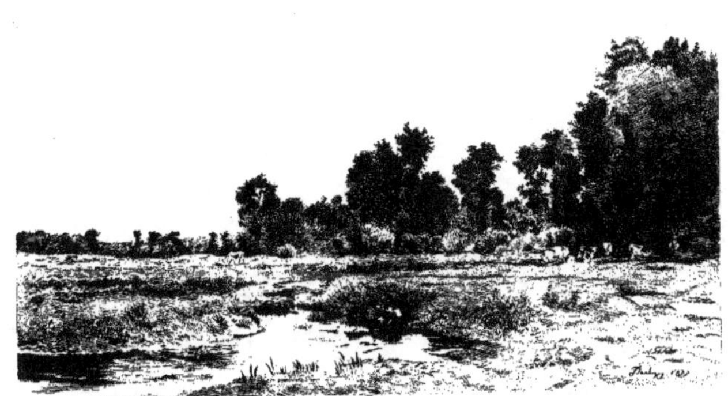

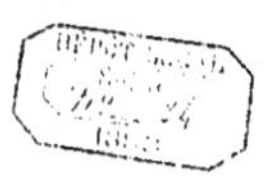

TABLE

TABLEAUX ANCIENS

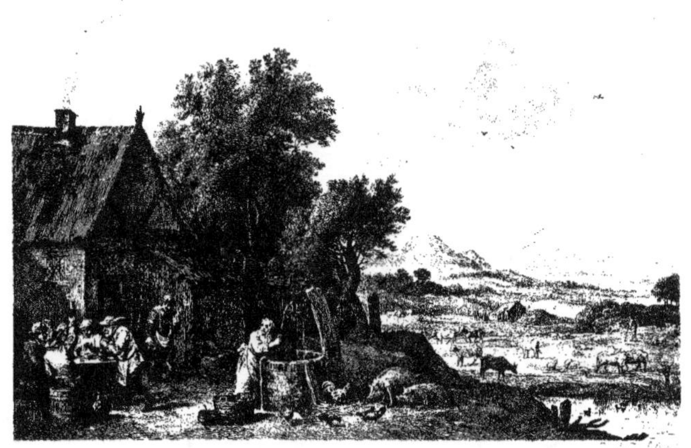

TABLE DES TABLEAUX ANCIENS

BOUCHER
(FRANÇOIS)

GREUZE

HALS

(FRANZ)

HOBBEMA

C'est l'entrée d'une vaste forêt pleine d'ombre et de fraîcheur, à la végétation puissante et forte, particulière aux forêts du Nord. La petite maison du garde est à demi cachée sous les grands arbres. Ciel fin de ton et rempli de nuages lumineux; le soleil a peine à percer l'ombre épaisse de la forêt.

Quelques figures qui complètent ce tableau ont été peintes par Lingelbach.

Hauteur, 92 cent. — Largeur, 1 m. 32 cent.

Appartient à Mme la princesse de Sagan.

LEYS

Une bonne vieille en costume flamand, noir et blanc, tient sur ses genoux un petit métier à dentelles auquel elle travaille; près d'elle une petite fille, un panier au bras, joue avec un chien.

La scène se passe dans le vestibule d'une grande maison flamande pavé de marbre et orné de colonnes, de meubles, de tables et de statues.

Bois. — Hauteur, 84 cent. — Largeur, 75 cent.

Appartient à Mme la vicomtesse de Tredern.

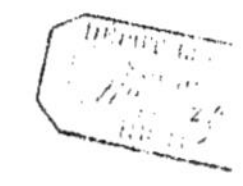

METZU

A gauche, on aperçoit une porte entre-bâillée dans une chambre richement meublée; par cette porte entre un jeune homme dans une attitude pleine de distinction, la tête est charmante d'expression. Il s'avance timidement vers la maîtresse de la maison qui est occupée à se laver les mains dans un bassin que lui présente sa servante.

Cette scène est pleine de grâce et de coquetterie.

Hauteur, 83 cent. — Largeur, 67 cent.

Appartient à Mme la princesse de Sagan.

FRANCESCO RAIBOLINI

(Dit FRANCIA)

Hauteur, 50 cent. — Largeur, 40 cent.

Appartient à M. le comte Edmond de Pourtalès.

REMBRANDT

Hauteur, 73 cent. — Largeur, 54 cent.

Appartient à M. le duc de Morny.

Hauteur, 80 cent. — Largeur, 65 cent.

Appartient à M. Édouard André.

TÉNIERS

Hauteur, 37 cent. — Largeur, 52 cent.

Appartient à M. le baron d'Erlanger.

Tel est le titre que la tradition a consacré à ce tableau. La scène se passe dans un cabaret flamand. C'est jour de fête, la salle est pleine; le groupe des paysans, assis autour d'une table devant un jambon appétissant, est remarquable par les expressions variées de chacun des convives.

Au second plan, le ménétrier fait danser les plus jeunes; d'autres boivent, causent et fument.

Signé David Téniers fec., A° 1648.

Hauteur, 61 cent. — Largeur, 83 cent.

Appartient à Mme la princesse de Sagan.

TERBURG

Une jeune femme, en toilette de bal, est assise près d'une table recouverte d'un tapis. Debout, près d'elle, sa camériste achève de la coiffer, et, à gauche, un jeune garçon apporte un verre sur un plateau; au fond de la chambre, un lit carré; au premier plan, un chien aboie après sa maîtresse.

Hauteur, 80 cent. — Largeur, 52 cent.

Appartient à M. le baron d'Erlanger.

VAN DE VELDE

(WILHELM)

Le tableau se compose d'une trentaine de bâtiments, dont six à trois mâts, formant une flottille en ligne. Le temps est nuageux, mais calme. Une foule de petites barques circulent autour des navires. On aperçoit à gauche une canonnière armée portant pavillon jaune. Elle envoie le salut d'usage, et deux navires y répondent.

Hauteur, 70 cent. — Largeur, 98 cent.

Appartient à Mme la princesse de Sagan.

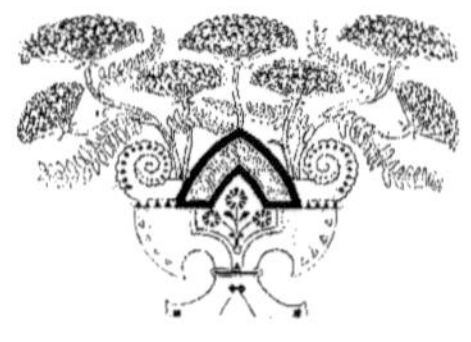

TABLE

DES

MATIÈRES

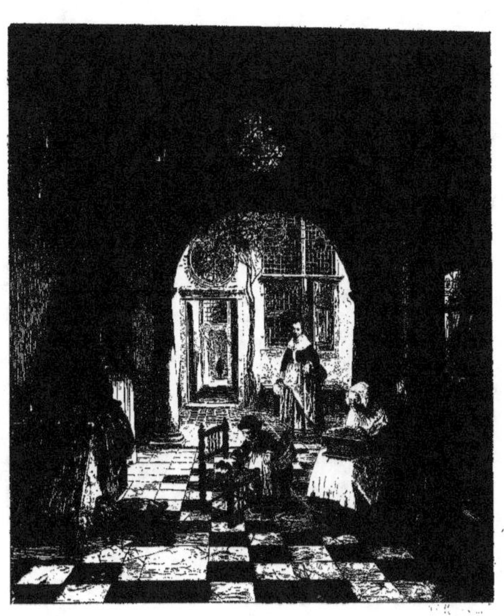

TABLE DES MATIÈRES

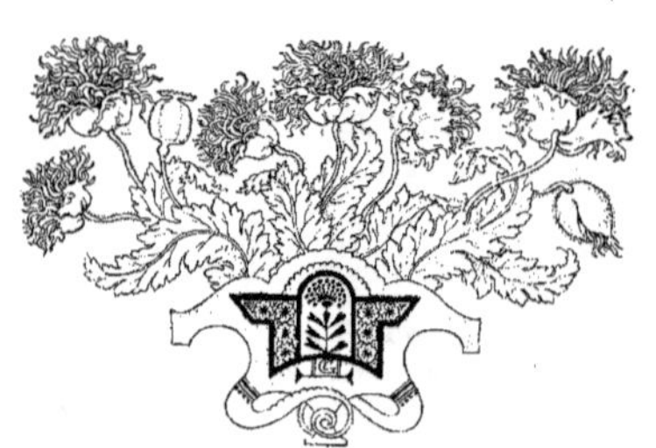

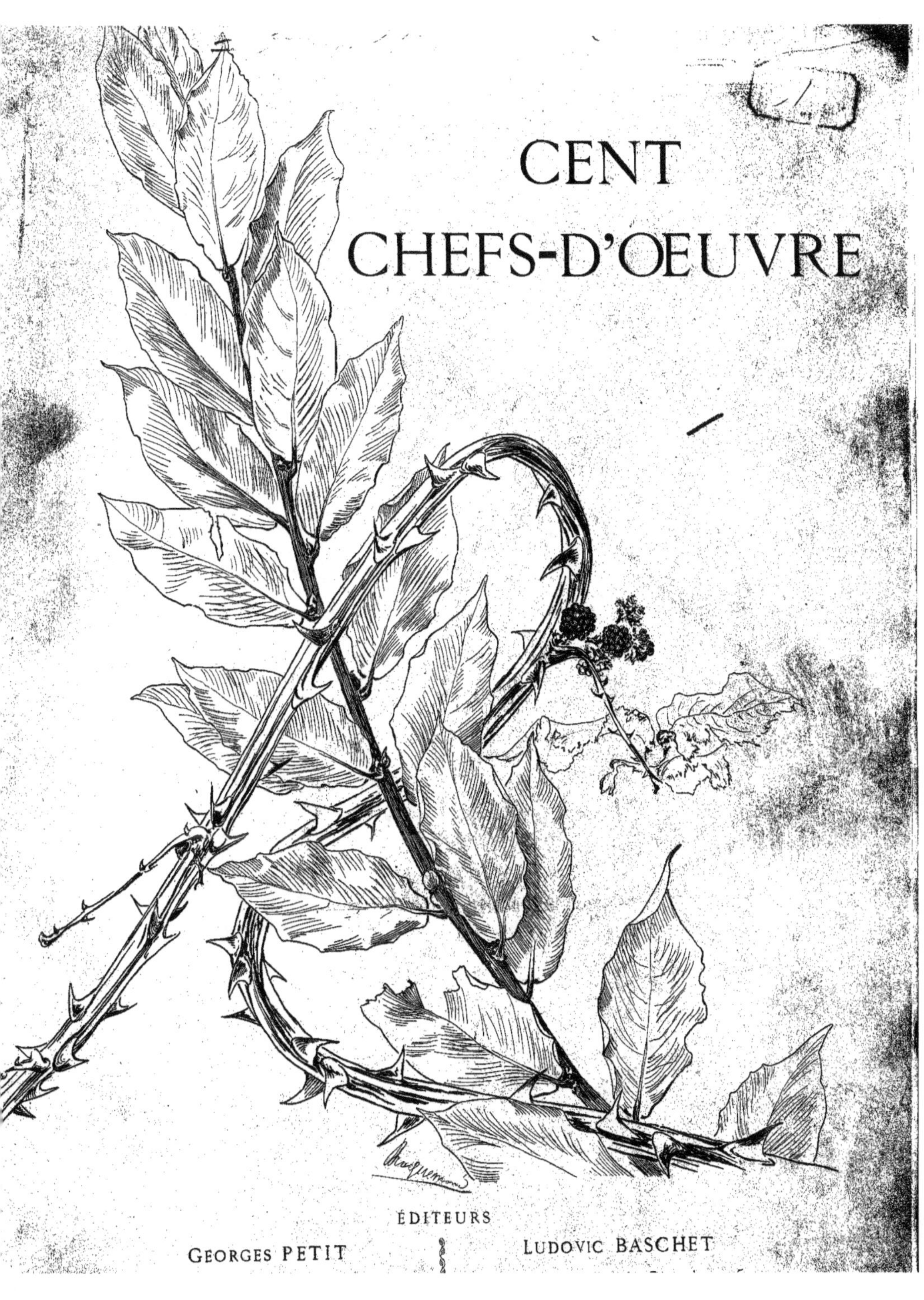

CENT
CHEFS-D'OEUVRE

ÉDITEURS

GEORGES PETIT   LUDOVIC BASCHET

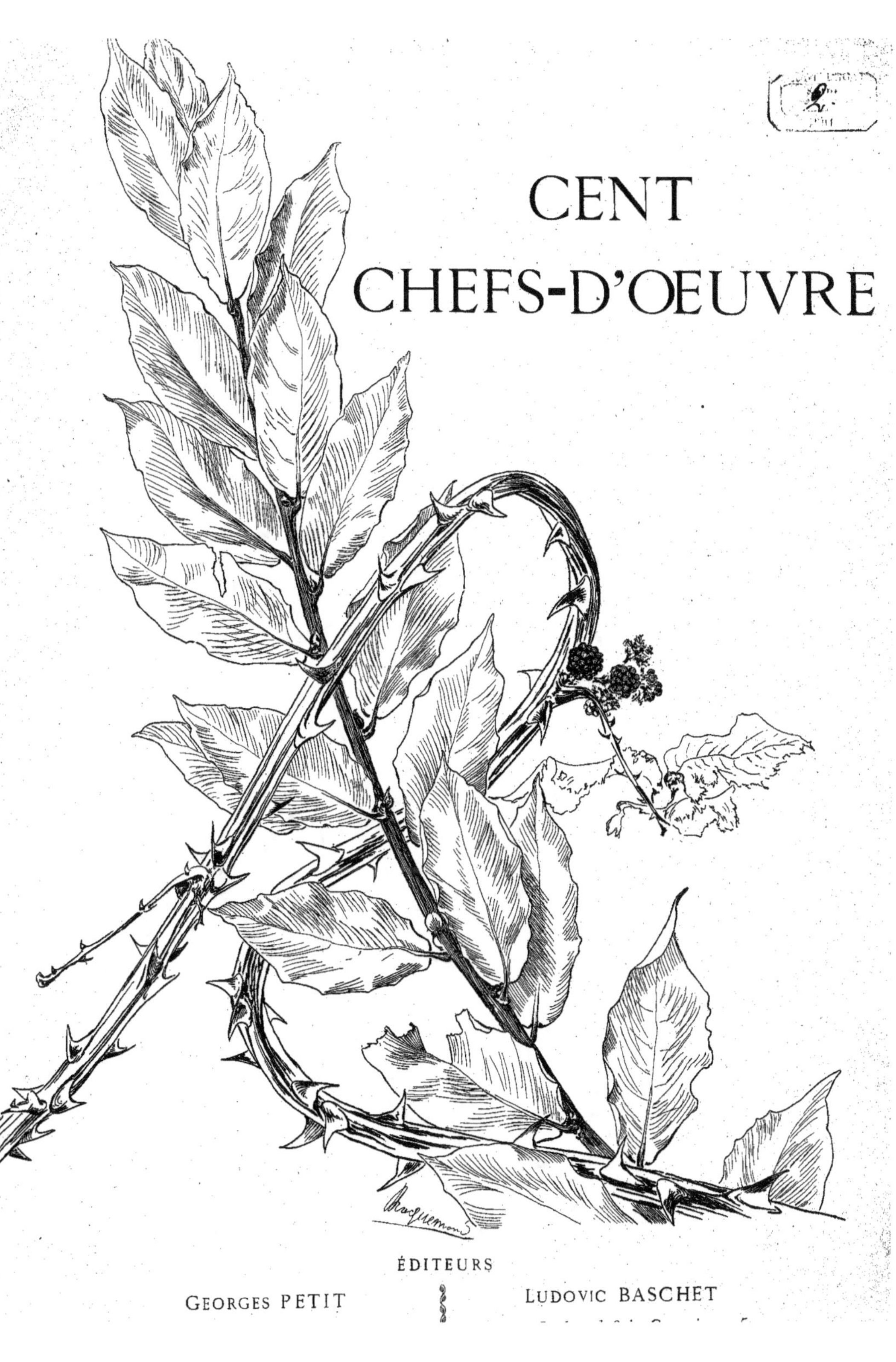

CENT
CHEFS-D'OEUVRE
ÉDITEURS
GEORGES PETIT
LUDOVIC BASCHET